Representação política

inter
saberes

Representação política

Paolo Ricci

Rua Clara Vendramin, 58 . Mossunguê . CEP 81200-170 . Curitiba . PR . Brasil
Fone: (41) 2106-4170 . www.intersaberes.com . editora@intersaberes.com.br

Conselho editorial
  Dr. Alexandre Coutinho Pagliarini
  Dr.ª Elena Godoy
  Dr. Neri dos Santos
  M.ª Maria Lúcia Prado Sabatella
Editora-chefe
  Lindsay Azambuja
Gerente editorial
  Ariadne Nunes Wenger
Assistente editorial
  Daniela Viroli Pereira Pinto
Preparação de originais
  Fabrícia Eugênia de Souza

Edição de texto
  Arte e Texto
  Tiago Krelling Marinaska
Capa
  Iná Trigo (*design*)
  Ole moda, Sensvector, pixssa e ArchMan/Shutterstock (imagens)
Projeto gráfico
  Bruno de Oliveira
Diagramação
  Signus Design
Designer responsável
  Sílvio Gabriel Spannenberg
Iconografia
  Maria Elisa Sonda
  Regina Claudia Cruz Prestes

Dados Internacionais de Catalogação na Publicação (CIP)
(Câmara Brasileira do Livro, SP, Brasil)

Ricci, Paolo
  Representação política / Paolo Ricci. -- Curitiba, PR : Editora InterSaberes, 2023.

  Bibliografia.
  ISBN 978-85-227-0572-6

  1. Ciências políticas 2. Democracia 3. Eleições 4. Governo representativo e representação 5. Populismo 6. Votos (Eleições) I. Título.

23-158020   CDD-320

Índices para catálogo sistemático:
1. Ciências políticas 320

Eliane de Freitas Leite – Bibliotecária – CRB-8/8415

1ª edição, 2023.

Foi feito o depósito legal.

Informamos que é de inteira responsabilidade do autor a emissão de conceitos.

Nenhuma parte desta publicação poderá ser reproduzida por qualquer meio ou forma sem a prévia autorização da Editora InterSaberes.

A violação dos direitos autorais é crime estabelecido na Lei n. 9.610/1998 e punido pelo art. 184 do Código Penal.

Sumário

9 *Apresentação*

13 *Como aproveitar ao máximo este livro*

Capítulo 1
17 **A representação política moderna em suas origens**

(1.1)
20 A escolha dos altos cargos públicos no pré-1800

(1.2)
25 As eleições como mecanismo de escolha dos representantes

Capítulo 2
47 **Sufrágio universal e representação proporcional**

(2.1)
49 A evolução do conceito de democracia

(2.2)
56 O sufrágio universal

(2.3)
64 A representação proporcional

Capítulo 3
79 **Voto secreto e administração independente das eleições**

(3.1)
82 O processo eleitoral no século XIX

(3.2)
89 O voto secreto

(3.3)
93 Eleições limpas

Capítulo 4
107 **Da democracia de partido à democracia de público**

(4.1)
110 O partido de uma perspectiva organizacional

(4.2)
120 A origem dos partidos: partidos e clivagens sociais

(4.3)
124 Crise da democracia representativa como crise dos partidos: algumas evidências

(4.4)
133 A origem dos partidos: respostas racionais

Capítulo 5
141 A representação política no século XXI: o avanço populista

(5.1)
144 O que é o populismo?

(5.2)
147 O populismo é uma ideologia?

(5.3)
152 Tipos de populismo

(5.4)
159 O populismo no Brasil

(5.5)
163 Populismos e ameaça à democracia

Capítulo 6
169 A democracia e as novas formas de representação política

(6.1)
172 Arranjos institucionais clássicos e a democracia consociativa

(6.2)
180 A democracia direta

199 *Considerações finais*
201 *Referências*
231 *Respostas*
241 *Sobre o autor*

Apresentação

Este livro sintetiza as grandes orientações dos estudiosos sobre as origens e as transformações do governo representativo, desde a Revolução Americana e a Revolução Francesa, no final do século XVIII e início do século XIX, até os dias de hoje. Ainda que existam diferentes formas de representação política, desde o século XVIII a questão representativa tem sido discutida com foco na questão eleitoral, nos partidos e nas instituições representativas em geral. Os seis capítulos que compõem esta obra partem de um recorte analítico centrado no estudo das mudanças institucionais que impactaram diretamente a representação política no tempo e levaram à democracia contemporânea.

O primeiro capítulo tem o propósito de discutir as origens do governo representativo. Apresentaremos ao leitor as razões que levaram as elites políticas daquela época — final de 1700 e início de 1800 — a optarem por eleições regulares como mecanismo de escolha dos representantes. Explorando alguns casos europeus e dialogando com o caso latino-americano, mostraremos que a legitimação popular era questão fundamental em debate entre as elites políticas. Daí a centralidade do mecanismo eleitoral como meio de seleção dos representantes, garantindo às elites um consenso amplo entre os cidadãos.

No segundo e terceiro capítulos, desenvolveremos o argumento central do livro: o reconhecimento das quatro dimensões que devem ser consideradas para explicar as mudanças do governo representativo.

As duas primeiras dimensões serão apresentadas no segundo capítulo: a extensão dos direitos políticos e a mudança do sistema eleitoral. No primeiro caso, remete-se ao tema do sufrágio universal. Veremos que os caminhos para uma participação popular ampla são variados e complexos, com distinções significativas entre Europa e América Latina. A adoção de uma fórmula eleitoral proporcional é fundamental para entendermos a participação das oposições no jogo democrático, pois aumenta as chances de sucesso eleitoral destas.

No terceiro capítulo, o livro irá incorporar uma literatura mais recente, que desloca a atenção para duas mudanças institucionais menos exploradas entre os estudiosos: o conjunto das regras que garantem a liberdade no ato do voto, geralmente identificadas no voto secreto, e as regras que retiram dos políticos o controle sobre as fases eleitorais, reduzindo ou até anulando as práticas fraudulentas que facilitavam a manipulação dos resultados eleitorais.

Desse modo, as quatro dimensões apresentadas no segundo e terceiro capítulos nos permitem acompanhar as mudanças do governo representativo no tempo, caracterizando a transição para os regimes democráticos.

Na sequência, no quarto capítulo, iremos explorar o tema dos partidos e da relação destes com a democracia. Pretendemos discutir duas abordagens sobre o surgimento dos partidos que não costumam ser apresentadas conjuntamente. Uma delas evoca as relações com a sociedade, em que a presença de determinadas clivagens sociais é tida como fator-chave do processo de criação e formação dos partidos na Europa. A outra é uma abordagem centrada nos atores que pensa o partido como solução racional para problemas de ação coletiva enfrentados pelos políticos (como o da seleção das candidaturas). Além da abordagem genética, o capítulo explora as mudanças no tempo, e aqui quatro tipologias de partidos serão detalhadas: o partido de notáveis, o partido de massa, o partido pega-tudo e o partido cartel. Pretendemos, assim, apresentar um quadro sintético dos partidos desde o século XIX até os anos 1980, enfatizando as mudanças no âmbito organizacional.

O quinto capítulo é uma continuação do anterior e será dedicado à crise dos partidos contemporâneos. Desde pelo menos os anos 1970, inúmeros autores têm apontado para o esgotamento da função representativa exercida pelos partidos. Nesse capítulo em particular, nossa escolha foi concentrar a atenção nas forças populistas. A ascensão do populismo no mundo é um fenômeno recente que não está limitado aos partidos de extrema-direita. Como interpretá-lo? Até que ponto ele ameaça a democracia? Para responder, discutiremos alguns casos europeus e refletiremos sobre o Brasil, que, assim como outros países latino-americanos, é considerado terra fértil para se estudar o fenômeno populista.

O sexto e último capítulo ampliará a abordagem sobre a democracia representativa, apresentando ao leitor um debate mais recente, em particular, algumas alternativas para viabilizar formas representativas mais inclusivas além daquela centrada nos partidos. Serão discutidas a questão das minorias étnico-linguísticas e a questão da cota para mulheres. Em ambos os casos, trata-se de reformas que não são alternativas aos partidos tradicionais, mas de reformas institucionais que fortalecem os partidos, garantindo-lhes novas identidades, como no caso dos partidos regionalistas, cujo elemento territorial é fortalecido. Teoricamente, o foco será o papel dos grupos que buscam aumentar sua participação nas instâncias representativas. O capítulo ainda irá trazer uma discussão sobre as medidas adotadas em vários países para ampliar a participação do cidadão para além do momento eleitoral. No rol dessas iniciativas, serão tratadas as práticas participativas da democracia direta.

O livro não tem uma conclusão. Isso é proposital. O governo representativo se encontra em contínua evolução e resta ao leitor discutir possíveis caminhos para o futuro. Para tanto, não bastam bom propósitos ou argumentos novos, mas um conhecimento aprofundado de como o governo representativo se originou e mudou. Esse é o escopo do livro.

Boa leitura!

Como aproveitar ao máximo este livro

Empregamos nesta obra recursos que visam enriquecer seu aprendizado, facilitar a compreensão dos conteúdos e tornar a leitura mais dinâmica. Conheça a seguir cada uma dessas ferramentas e saiba como elas estão distribuídas no decorrer deste livro para bem aproveitá-las.

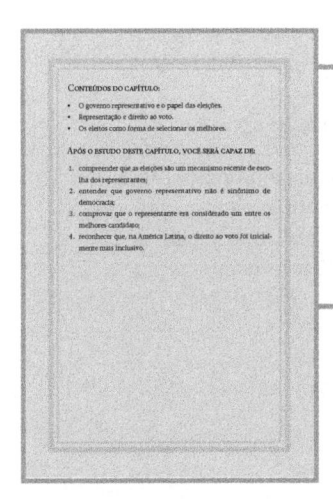

Conteúdos do capítulo:

Logo na abertura do capítulo, você fica conhecendo os conteúdos que nele serão abordados.

Após o estudo deste capítulo, você será capaz de:

Você também é informado a respeito das competências que irá desenvolver e dos conhecimentos que irá adquirir com o estudo do capítulo.

Síntese

Você dispõe, ao final do capítulo, de uma síntese que traz os principais conceitos abordados.

Questões para revisão

Com estas atividades, você tem a possibilidade de rever os principais conceitos analisados. Ao final do livro, os autores disponibilizam as respostas às questões, a fim de que você possa verificar como está sua aprendizagem.

Questão para reflexão

Nesta seção, a proposta é levá-lo a refletir criticamente sobre alguns assuntos e a trocar ideias e experiências com seus pares.

Capítulo 1
A representação política
moderna em suas origens

Conteúdos do capítulo:

- O governo representativo e o papel das eleições.
- Representação e direito ao voto.
- Os eleitos como forma de selecionar os melhores.

Após o estudo deste capítulo, você será capaz de:

1. compreender que as eleições são um mecanismo recente de escolha dos representantes;
2. entender que governo representativo não é sinônimo de democracia;
3. comprovar que o representante era considerado um entre os melhores candidato;
4. reconhecer que, na América Latina, o direito ao voto foi inicialmente mais inclusivo.

Este capítulo explora historicamente os primórdios do governo representativo. Por *governo representativo* entendemos a fase entre o final do século XVIII e o início do século XIX, quando a contestação do poder absoluto se manifestou por meio do reconhecimento da existência de instituições representativas cujos membros (chefe do Executivo e/ou parlamentares) eram escolhidos pelo voto popular.

A princípio, iremos discutir a razão pela qual, no final do século XVIII, sob influência das ideias difundidas pela Revolução Francesa e pela Revolução Americana, a escolha dos representantes recaiu na eleição para substituir outras formas de seleção dos políticos, como a extração à sorte. Começaremos com o detalhamento de algumas formas eletivas preexistentes às revoluções citadas e, em seguida, iremos explorar os episódios do final de 1700, quando, na busca por um consenso amplo, optou-se pelo mecanismo eleitoral – ou seja, para ser parlamentar, era exigido o "teste" das urnas.

O tema dos direitos políticos, isto é, das normas que conferem direito de voto ao cidadão, também será abordado. Sobretudo, mostraremos que a história do sufrágio não é unidirecional e que o direito ao voto foi, inicialmente, mais inclusivo na América Latina, diferentemente da Europa.

Por fim, trataremos da questão dos representantes. A ênfase será posta sobre o caráter aristocrático das eleições. Faremos amplo uso de dados para melhor dar sustento aos argumentos apresentados. Quando possível, traremos informações e dados do caso brasileiro.

Paolo Ricci

(1.1)
A ESCOLHA DOS ALTOS CARGOS PÚBLICOS NO PRÉ-1800

Partimos de uma constatação: os parlamentos não são uma invenção recente. Os estudiosos tendem a identificar nos estados europeus da Idade Média (no começo dos séculos XIV-XV) a formação de uma estrutura representativa unitária. Naquela época, os parlamentos representavam um reino, e não apenas um território unificado ou partes dele. Os parlamentos eram convocados pela Coroa e atuavam como instâncias de mediação das relações entre o rei e as classes sociais – nobres, clérigos e burguesia das cidades –, sobretudo em matéria fiscal e no financiamento das operações militares; suas decisões eram consideradas vinculantes para todos (Marongiu, 1968; Battegazzorre, 2007).

Havia variações significativas entre os países. Até 1800, os parlamentos se reuniram com relativa frequência em alguns casos, mas não em outros. Eram infrequentes as convocações parlamentares na Espanha, em Portugal, na França, na Holanda e na Bélgica, mas a situação era oposta nos países do norte da Europa (Inglaterra, Escócia, Holanda e Suécia), assim como na Suíça.

O parlamento inglês é um caso clássico cuja institucionalidade já se fazia presente na Magna Carta de 1215 e cujo princípio foi resumido nos séculos seguintes na fórmula: *não há tributação sem consentimento ou não há tributação sem representação*. Após uma disputa acirrada entre rei e parlamento, a Revolução Gloriosa, de 1688, reduziu os poderes autônomos do rei e atribuiu mais competências ao parlamento. Nasceu, nesse momento, a forma política da monarquia constitucional, em que o rei detém amplos poderes, mas é permanentemente apoiado (e constrangido) pelo parlamento.

Importa reconhecermos que os membros dos parlamentos não eram cidadãos como os entendemos hoje, isto é, representantes do povo. Eles eram subordinados aos três Estados, representando a nobreza, o clero e a burguesia. A própria convocação da assembleia competia ao imperador ou ao rei. Portanto, não se tratava de representantes com mandato, mas de indivíduos escolhidos por instâncias colegiadas de nível inferior (em sua maioria, províncias e cidades), de quem dependiam diretamente. Não era incomum que o indivíduo nominalmente convocado desistisse de viajar para o local designado para as reuniões assembleares, delegando procuradores em seu lugar. Nos Países Baixos, por exemplo, os delegados das províncias levavam as questões discutidas nos Estados Gerais (em francês, *États Généraux*) para as assembleias provinciais, que passavam a deliberar sobre a matéria e, sucessivamente, incumbiam os delegados de comunicar ao soberano a decisão tomada.

Até o final do século XVIII, o recurso da eleição para selecionar esses representantes não era comum, existindo outras formas de nomeação. Na Suécia, as cidades (o Terceiro Estado) elegiam seus delegados pelo sorteio. As vantagens do sorteio eram reconhecidas pelos teóricos da época como também são frequentemente valorizadas pelos estudiosos contemporâneos. Vejamos as razões peculiares dessa forma de seleção dos representantes.

A extração à sorte é considerada até hoje o método mais democrático para se tomar uma decisão. Há duas razões principais que são frequentemente consideradas quando se trata da escolha dos representantes:

- Por um lado, o sorteio é um procedimento que confere igualdade de oportunidades ao cidadão. O eleito não seria o resultado de uma escolha "condicionada", como nas democracias contemporâneas, nas quais o eleitor vota por candidatos previamente

selecionados pelos partidos; o resultado, na extração à sorte, representaria o produto de uma decisão ampla que afeta a todos, já que qualquer indivíduo tem chance de ser escolhido (considerando limites formais, como a maior idade).
- Por outro lado, o sorteio valoriza a imparcialidade do representante. Se o político, por natureza, tende a ser parcial – dada a pressão constante de grupos organizados ou a dependência dos partidos –, a escolha por sorteio acabaria por exaltar aquele que não tem pretensões políticas nem vínculos de parte.

Objeções ao método do sorteio são conhecidas. Haveria o problema de como organizar o sorteio, mas também de anular eventuais influências externas durante o processo de extração à sorte dos eleitos, sem falar do perigo de selecionar alguém cujas competências para o exercício do cargo fossem limitadas. O tema é interessante e merece ser aprofundado. Dois exemplos clássicos ajudam a entender a dinâmica do sorteio, suas limitações e complexidades, assim como os estratagemas introduzidos para contornar os problemas inerentes ao próprio mecanismo. Vejamos.

O primeiro exemplo é a democracia ateniense nos séculos V e IV a.C., que adotava o sorteio como método para a constituição da *Boulé*, isto é, o conselho dos cidadãos da pólis, internamente dividida em dez seções (pritanias), cada uma com cinquenta membros. O próprio presidente da *Boulé*, responsável pela organização dos trabalhos, era escolhido à sorte entre os prítanes. O sorteio era também utilizado para a formação de 600 das 700 magistraturas, cujo mandato, de duração anual, não era renovável. A Eclésia, a principal assembleia da democracia ateniense, era formada por 6.000 membros escolhidos entre os cidadãos, representando o povo, excluídos escravos, estrangeiros, mulheres, crianças e cidadãos sem direitos políticos.

Frequentemente o método do sorteio era questionado, sobretudo pela falta de competências dos eleitos. Sócrates considerava o sorteio uma aberração. Afinal, quem escolheria por sorteio o piloto de um navio ou um carpinteiro? A solução era selecionar entre alguns, os mais competentes. No caso dos cargos públicos e dos conselheiros, determinou-se o sorteio entre os indivíduos que haviam se submetido à *dokimasia*, que verificava se o candidato era qualificado legalmente (se tinha 30 anos de idade ou mais) e se ele era um "bom" cidadão (Adeleye, 1983). Hoje em dia, diríamos que se fazia uma análise detalhada do currículo do escolhido; no caso ateniense, era analisado se o candidato participava das cerimônias religiosas, cumpria as obrigações militares e se tinha sido condenado por algum ato de corrupção.

O segundo exemplo é a escolha do doge da República de Veneza, o primeiro magistrado da República, processo que se baseava em uma lei eleitoral muito complexa aprovada em 1268 e que perdurou até 1797. O sistema de eleição foi excogitado pela necessidade de evitar brigas internas entre famílias nobres, em um processo particularmente complexo que previa o sorteio múltiplo.

Cabia ao *Maggior Consiglio* (Mazor Consejo) a escolha do doge. Constituído pelos membros das famílias nobres de Veneza, cada membro (os conselheiros) com mais de 30 anos de idade colocava em uma urna uma bolinha do tamanho de uma pequena cereja (denominada *ballotta*), e apenas em 30 delas havia uma folha de pergaminho com a palavra *eleitor*. A extração das bolinhas era feita por uma criança escolhida a caso na estrada pelo conselheiro mais jovem; uma medida pensada para evitar a fraude no ato da extração das bolinhas.

Em uma segunda votação, apenas nove bolinhas eram extraídas da urna. Cabia aos 9 conselheiros indicar um grupo de 40 novos eleitores, cada um dos quais deveria ser aprovado por maioria de, pelo menos, 7 votos. Os 40 eleitores eram reduzidos a 12 por meio do sistema da *ballotta*. Os 12 conselheiros, por sua vez, nomeavam 25 novos eleitores, cada um dos quais era aprovado por maioria de 8 votos e que, novamente, eram reduzidos, com o sistema usual de votação, a 9 eleitores. Estes elegeriam, por sua vez, outros 45 novos eleitores, cada um dos quais tinha de obter pelo menos 7 preferências. Na sequência, os 45 eram reduzidos, com o sistema usual de votação, a 11 eleitores. Finalmente, 11 votantes nomeavam outros 41 indivíduos, cada um aprovado com, pelo menos, 9 votos a favor, formando assim o Colégio del Quarantuno ("Colégio dos Quarenta e Um", em português), incumbido de eleger o doge.

Para a eleição do doge, os 41 membros se reuniam em uma sala especial e cada um tinha o direito de votar em um candidato de sua escolha, escrevendo em um papel seu candidato preterido; na sequência, era feito um sorteio que resultava na escolha de uma pessoa. Esta era submetida a um inquérito pelos 41 membros, que podiam fazer objeções e acusações contra o escolhido. Este era chamado a responder, apresentando justificações e retrucando as acusações. Depois de ouvir o sorteado, realizava-se uma nova votação e, se o candidato obtivesse o voto favorável de pelo menos 25 dos 41 eleitores, era proclamado doge. Caso contrário, realizava-se uma nova extração até que o resultado fosse positivo. Trata-se, portanto, de um sistema misto entre sorteio e eleição, extremamente complexo e engenhoso e que foi seguido à risca por séculos.

Os mecanismos da escolha dos representantes descritos anteriormente não eram incomuns na época. Em várias comunas italianas da Idade Média, a designação dos altos cargos públicos se baseava em modalidades mistas de seleção, incluindo o sorteio. Existiam limites formais para os possíveis candidatos, de regra de natureza censitária, mas também se requisitava o pertencimento a sociedades profissionais. Para além das especificidades dos casos, importa lembrarmos que, ainda no século XVIII, o sorteio era uns dos métodos mais conhecidos para selecionar os representantes das assembleias e os principais responsáveis pela administração do Estado. Isso mudou com a Revolução Francesa e a Revolução Americana, que sancionaram a centralidade da eleição como mecanismo de escolha dos representantes.

A seguir, veremos como aconteceu a ruptura do modelo até então vigente e, sobretudo, as razões que a justificam.

(1.2)
As eleições como mecanismo de escolha dos representantes

Em maio de 1789, Luís XVI convocou os Estados Gerais para uma reunião em Versailles. Tratava-se de um evento memorável, pois a última convocação remontava ao ano de 1614. Mas a verdadeira novidade estava no aumento da quantidade de representantes do Terceiro Estado e, sobretudo, na determinação de que os delegados indicados pelos parlamentos locais fossem eleitos por todos os cidadãos maiores de 25 anos, franceses e naturalizados, inscritos no registro de pagamento dos impostos. Era, portanto, uma eleição indireta, que acontecia em graus diferentes dependendo da importância das cidades. A participação ampla, ainda que indireta, triunfou após o fim da monarquia, em 1792.

Do outro lado do oceano, já uma década antes, as colônias americanas haviam iniciado um processo de distanciamento da Coroa britânica. Quando, em 1776, as treze colônias declararam a independência, recusaram não apenas a forma de governo monárquica, mas inovaram ao decidir que a escolha dos cargos públicos seria feita por votação popular, excluindo-se os escravos e as mulheres. Inicialmente, cada colônia se organizou com base em uma Constituição própria, que valorizava o mandato eletivo derivado do povo, por meio de eleições livres e renováveis, isto é, determinava que as eleições ocorressem em intervalos regulares. As fórmulas constitucionais adotadas pelas colônias eram similares. Declarava-se que todos os poderes eram "originariamente intrínsecos ao povo" (Constituição da Pensilvânia), ou que cada governo "se origina do povo" (Constituição de Maryland), ou que "cada poder político reside no povo e apenas dele deriva" (Constituição da Carolina do Norte).

As eleições de 1789 na França foram as primeiras após a revolução. Nas colônias americanas, os eleitos eram protagonistas de uma nova forma de se pensar a representação, e, assim, eram investidos da soberania popular. Por que essas mudanças? Por que abandonar a extração à sorte? De acordo com Manin (1997), a centralidade do mecanismo eleitoral deriva da necessidade dos governos de se legitimar perante o povo. Contrapondo-se ao governo hereditário, as eleições eram, nesses termos, um meio de legitimação política das elites. Logo, o consenso se tornava a única fonte de autoridade legítima, já que emanava do povo, como também afirmaram os teóricos do direito natural (Grozio, Locke e Hobbes). Nessa escolha, haveria, porém, um paradoxo. Ainda que as eleições tivessem um componente democrático – pois cada cidadão dá um voto –, seu componente **aristocrático** seria exaltado, porque as eleições sempre envolvem uma "escolha", ou uma distinção entre as pessoas. Afinal, nem todos poderiam ser eleitos. Inevitavelmente, os cargos políticos foram distribuídos de forma menos igualitária quando as revoluções introduziram a igualdade dos indivíduos. Segundo Manin (1997), o paradoxo se resolve nos termos seguintes: quando nasceu o governo representativo, no final do século XVIII, a igualdade política que estava em discussão não era a chance de cobrir um cargo (que era maior via extração à sorte), mas o igual direito de consentir ao poder (**princípio do consenso**), isto é, o princípio segundo o qual a autoridade é legítima quando há consenso entre os que estão sujeitos à autoridade.

Portanto, **consenso e componente aristocrático dos eleitos** são as dimensões centrais do governo representativo.

Nas próximas seções, discutiremos separadamente essas duas dimensões à luz das práticas observadas no século XIX. Antes disso, porém, uma ressalva. No século XIX, as eleições se tornaram o mecanismo principal de escolha dos representantes, mas outras formas de representação política continuavam "competindo" com esse mecanismo. Sobretudo nos âmbitos local, das representações comunais e das associações, existem alternativas ao formato eletivo – no Reino Unido, as petições são um instrumento clássico muito usado para dar voz ao povo, inclusive àquele que não goza dos direitos políticos.

1.2.1 EM BUSCA DO CONSENSO: QUEM PODE VOTAR?

A busca pelo consenso amplo e a escolha do mecanismo eleitoral para a seleção dos representantes têm implicações óbvias para a questão da cidadania. Quem tem direito ao voto? É natural para nós, que vivemos no século XXI, associar o voto à ideia de uma participação ampla na qual adultos (de sexo masculino e feminino) possam expressar suas preferências. Entretanto, o que é natural hoje não era uma questão unânime na época. Ou nem sequer estava na pauta, como foi o caso do voto das mulheres, que não existia pelo menos até final do século XIX.

Podemos entender melhor a amplitude do voto distinguindo dois momentos da participação popular: o plebiscito e as eleições ordinárias para os parlamentos. Vejamos.

O plebiscito como forma de legitimar o regime

A importância atribuída às eleições como forma de legitimar quem está no poder se revela em toda sua força no instrumento plebiscitário, adotado em muitos países no século XIX.

O significado do termo *plebiscito* (do latim *plebiscitu*) está ancorado na ideia de uma participação popular ampla (como um decreto da plebe, do povo). A escolha seca, limitada a um *sim* ou *não*, expressa a busca por um consenso legítimo para mudanças profundas, tais como um novo regime, a anexação de territórios e regiões pertencentes a outros estados, novas constituições, novos reinantes. O quadro a seguir retrata alguns dos eventos plebiscitários no continente europeu, assim como os descreve minimamente.

Quadro 1.1 – Cronologia dos plebiscitos na Europa (1792-1934)

Ano	Região	Evento	Resultado
1792	Itália e França	Anexação do Reino de Sardenha à França	(580) assembleias municipais (88,5%) favoráveis
1793	França	Aprovação da Constituição Republicana do Ano I	1.864.004: sim 11.610: não
1795	França	Aprovação da Constituição do Ano III	1.057.390: sim 49.978: não
1800	França	Aprovação da Constituição do Ano VIII	3.011.007: sim 1.562: não
1802	França	Napoleão Bonaparte– cônsul vitalício	3.568.885: sim 8.374: não
1802	Suíça	Aprovação da Constituição helvética	72.453: sim 167.172: abstenções 92.423: não
1804	França	Aprovada a hereditariedade da dignidade imperial de Napoleão Bonaparte	3.521.675: sim 2.579: não

(continua)

(Quadro 1.1 – continuação)

Ano	Região	Evento	Resultado
1815	França	Aprovação do *Atto addizionale* às Constituições do Império	1.305.206: sim 4.206: não
1848	Itália	Anexação de Piacenza ao Reino de Sardenha	37.089: sim (cerca de 98%)
1848	Itália	Anexação de Reggio Emilia ao Reino de Sardenha	Cerca de 81% favoráveis
1848	Itália	Anexação de Parma ao Reino de Sardenha	Cerca de 94% favoráveis
1848	Itália	Anexação da Lombardia ao Reino de Sardenha	Cerca de 99% favoráveis
1848	Itália	Anexação do Vêneto ao Reino de Sardenha	Cerca de 99% favoráveis
1851	França	Delegação a Luis Napoleão Bonaparte dos poderes para elaborar uma Constituição	7.481.231: sim 647.292: não
1860	Itália	Entre março e novembro, anexação de várias regiões ao Reino de Sardenha	Proporção de votos favoráveis próximos a 99%
1866	Romênia	Consulta popular para a escolha do príncipe Carlo Luigi de Hohenzollern como soberano	685.869: sim 224: não
1870	Itália	Anexação da região do Lazio ao Reino de Sardenha	133.681: sim 1.507: não
1874	Suíça	Voto de retificação da nova Constituição federal	63%: sim
1905	Noruega e Suécia	Separação das populações norueguesas da Suécia	99% favorável
1905	Noruega	Forma monárquica do Estado	Cerca de 80% favorável
1920	Alemanha e Dinamarca	Adesão dos cidadãos do Schleswig	O norte do Schleswig optou pela Dinamarca (cerca de 75% dos votos) e o sul, pela Alemanha (80,2%)

Paolo Ricci

(Quadro 1.1 – conclusão)

Ano	Região	Evento	Resultado
1920	Alemanha e Polônia	Anexação de Allenstein e Marienwerder à Alemanha	Favoráveis: 98% no Allenstein e 92% no Marienwerder
1920	Áustria e Sérvia	Anexação à Áustria da região de Klagenfurt	59% favoráveis
1920	Grécia	Reingresso do Rei Constantino I	999.954: sim 10.383: não
1924	Grécia	Fundação da República	758.472: sim 25.322: não
1926	Grécia	Ditadura de Pangalos como presidente da República	782.589: sim 56.126: não
1929	Itália	Representantes da Câmara dos Deputados	8.519.559: sim 135.761: não
1933	Portugal	Aprovação da Constituição promulgada por Salazar	683.909: sim 5.784: não
1933	Alemanha	Saída da Alemanha da Sociedade das Nações	40.633.852: sim 2.101.207: não
1934	Alemanha	Lei que permite a Hitler se tornar chefe do Estado	38.394.848: sim 4.300.370: não

Fonte: Elaborado com base em Fimiani, 2017, p. 361-377.

Algumas observações são importantes para esclarecer a tipologia dos plebiscitos (Fimiani, 2017; Fruci, 2007). Em primeiro lugar, emerge claramente a conexão entre plebiscito e território. Ao longo dos anos, em vários países europeus, apelou-se ao povo de um determinado território para legitimar a decisão da anexação de uma região. Caso exemplar é o italiano, em que o nascimento do Reino de Itália, em pleno século XIX, deu-se pela anexação de regiões e territórios cujos povoados são chamados a ratificar. Significativa, também, é a ratificação plebiscitária das constituições que se iniciou na França revolucionária, em 1793, com o voto popular sobre a Constituição jacobina (Fimiani, 2017; Fruci, 2007).

Para Rousseau, o povo era o soberano absoluto, ressaltando-se no ato do voto sua dimensão igualitária, ainda que reconhecidamente de sexo masculino. O plebiscito impõe ao eleitor uma tomada de decisão não democrática. A opção sim/não ou a favor/contra não é uma escolha, mas o pronunciamento de uma decisão ou ato já ocorrido. Ou seja, o plebiscito é um mecanismo que permite alcançar a unanimidade (ou quase) para legitimar quem está no poder (e suas decisões). Não é por acaso que os regimes fascista e nazista recorreram ao plebiscito como forma de legitimar o poder autoritário. Em 1929, na Itália, a nova lei eleitoral fascista criou um único colégio nacional, no qual os eleitores eram convocados para votar ou rejeitar uma lista preestabelecida de 400 deputados, inicialmente organizada pelo Grande Conselho do Fascismo com base em uma lista restrita de 850 candidatos propostos por confederações empresariais nacionais, associações e órgãos culturais e de bem-estar e de outros candidatos escolhidos pelo próprio Grande Conselho. Os eleitores só podiam votar a favor ou contra, legitimando os representantes (Fimiani, 2017; Fruci, 2007).

Em suma, as eleições plebiscitárias são o mecanismo único de escolha dos políticos baseado no princípio do consenso.

As eleições ordinárias

Os plebiscitos eram eventos excepcionais. Passaremos, agora, a observar em que medida a busca pelo consenso se deu no contexto da escolha dos parlamentares.

O tema do sufrágio eleitoral entra com toda sua força no cenário da questão representativa. Aqui, cabe fazermos um esclarecimento, já que ainda hoje é disseminada a ideia de que, no século XIX, poucos votaram e que grande parte da população conquistou os direitos políticos tardiamente, como resultado de uma luta (às vezes violenta, como no caso inglês) para que o voto fosse concedido aos homens adultos (e, sucessivamente, às mulheres).

Essa forma de se pensar a participação político-eleitoral remonta à visão clássica de Thomas H. Marshall, que, em 1950, publicou *Citizenship and Social Class, and other Essays*. Em seu livro, Marshall (1967) defende um modelo evolutivo da cidadania que se baseava na progressiva aquisição de direitos; antes os civis, na sequência os políticos e, por fim, os sociais. Ou seja: primeiramente os direitos de ir e vir ou de se reunir, formando associações políticas; depois, os direitos políticos, entendidos como direito de votar ou de ser votado; por último, os direitos sociais, que chegam para garantir o bem-estar ao indivíduo, como o direito ao trabalho e a um salário justo ou o direito à saúde, à instrução e à previdência.

Ficaremos com os direitos políticos, que são os que nos interessam discutir neste livro.

Da perspectiva essencialmente evolutiva, o voto dos homens adultos pode ser entendido como um fenômeno lento e gradual ou, em alguns casos, mais abrupto. Em ambos os casos, o sufrágio universal seria a etapa final de um processo que se caracterizou, em suas origens, pela presença de poucos eleitores e, com o tempo, pela participação de todos os adultos. O gráfico a seguir representa a evolução dos direitos políticos no Reino Unido, um caso importante porque é justamente o modelo inglês que Marshall tinha em mente quando apresentou sua versão de cidadania.

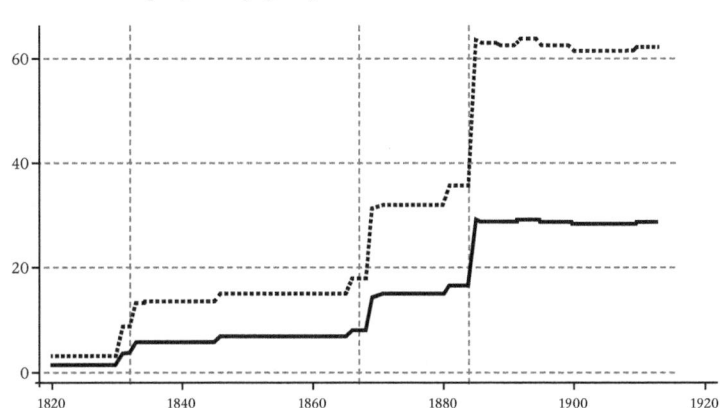

Gráfico 1.1 – Proporção da população adulta com direito a voto no Reino Unido

Fonte: Aidt, Winer e Zhang, 2021, p. 16.

No gráfico, a linha contínua representa a proporção da população adulta com direito a voto nas eleições parlamentares; a linha tracejada, a proporção da população masculina adulta com o mesmo direito. As linhas verticais coincidem com o ano das reformas eleitorais que expandiram o direito à participação eleitoral.

O gráfico é de fácil leitura e não exige ulteriores explicações. O Reino Unido caminhou para a concessão dos direitos políticos de forma gradual. A primeira grande reforma foi a de 1932. O *Great Reform Act* ampliou o sufrágio para 6-700.000 votantes sobre uma população masculina de 15 milhões de habitantes. O *Second Reform Act*, em 1867, dobrou os eleitores e, em 1884, o *Third Reform Act* teve um efeito importante sobre o eleitorado rural como resultado da extensão do direito de voto aos que ocupavam, sem ser proprietários, uma residência. Permitia-se, assim, que votassem trabalhadores rurais, operários de indústrias têxteis e minadores locatários de imóveis. A série histórica do gráfico anterior se encerra em 1918, ano em que as mulheres conquistaram o direito ao voto.

Paolo Ricci

Olhando sob o ângulo do "modelo" inglês, é evidente que os países que dele se distanciam não podem ser vistos positivamente. Esse é o caso do Brasil na interpretação clássica de José Murilo de Carvalho. Em sua obra *Cidadania no Brasil: o longo caminho*, o historiador se aventura na reconstrução da cidadania brasileira desde a Colônia (Carvalho, 2003). Não é um estudo comparativo, mas, em suas páginas, o ponto de partida é inegavelmente a noção marshalliana de cidadania. Diz ele: "Tornou-se costume desdobrar a cidadania em direitos civis, políticos e sociais", "mas os caminhos são distintos e nem sempre seguem linha reta" (Carvalho, 2003, p. 9, 11).

Vejamos alguns dados para melhor entender o argumento do autor. O gráfico a seguir captura a evolução do eleitorado no Brasil de 1873 até 1934. São, portanto, três períodos diferentes: Império (até 1889), Primeira República (1889-1930) e Segunda República (1930-1937).

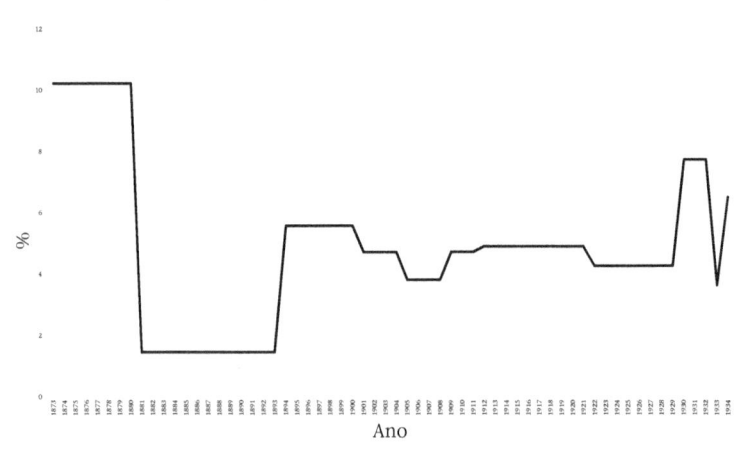

Gráfico 1.2 – Proporção da população adulta com direito a voto no Brasil

Fonte: Elaborado com base em Brasil, 1905, 1917; Diário do Congresso Nacional, 1930, p. 546; Ricci, 2019, p. 275-277.

Diferentemente do caso inglês, os dados revelam, para o Brasil, um quadro mais complexo (Carvalho, 2003). No Império, inicialmente, a participação era elevada. Mais de 10% da população tinha os requisitos para exercer o direito ao voto, incluindo os analfabetos, excluídos os escravos. Até então, o sistema se baseava em duas classes de eleitores: os **votantes**, a quem cabia, na eleição de primeiro grau, a escolha dos **eleitores**. Estes, por sua vez, participavam do segundo estágio, votando pelos deputados. Tratava-se, portanto, de uma eleição indireta. Eram **votantes** os homens maiores de 25 anos com renda líquida anual de 100 mil réis. Para ser **eleitor**, o requisito de renda subia para 200 mil réis. O mapeamento das listas eleitorais da época – com nome, residência e profissão dos alistados – mostra que vários grupos sociais participavam do processo eleitoral, como lavradores, pescadores, operários, artesãos e empregados.

A reforma eleitoral de 1881 mudou radicalmente esse quadro (Kinzo, 1980). A *Lei Saraiva* – assim conhecida pelo nome do político responsável pela sua aprovação – eliminou os dois graus, determinando que a escolha dos representantes fosse por eleição direta. Eram qualificados como eleitores os homens maiores de 21 anos que tivessem renda líquida de 200 mil réis, excluídos os analfabetos. Os efeitos produzidos pela reforma foram profundos. Se, em 1873, havia cerca de 1 milhão de votantes, no pleito de 1882, os eleitores eram pouco mais de 142 mil. O debate sobre as causas da diminuição do eleitorado girou em torno destes dois aspectos: exclusão dos analfabetos e renda. Estudos recentes sustentam que a barreira da instrução não seria tão relevante (Carvalho, 2003). Por um lado, a lei manteve o direito de voto para os eleitores analfabetos que já tivessem o registro eleitoral antes de 1881; por outro, qualquer indivíduo analfabeto que tivesse um padrinho político podia conseguir comprovar a renda. Mais plausível é supormos que a diminuição do eleitorado foi consequência das normas introduzidas sobre a renda. Ainda que o teto-base fixado em 200 mil réis não fosse elevado, a nova lei eleitoral era mais rígida nas formalidades exigidas para comprovar a renda, diminuindo o potencial de interpretação das juntas de qualificação (Carvalho, 2003).

Além disso, a Lei Saraiva retirou a prerrogativa conferida à junta de qualificação de "presumir" a renda legal de qualquer cidadão e determinou que os juízes de direito atuassem como autoridades máximas dessas juntas. Fazendo isso, reduzia-se a influência dos políticos locais sobre o processo eleitoral, já que os magistrados eram funcionários de carreira não demissíveis (Souza, 2018).

Os dados sobre os votantes na Primeira República (1889-1930) mostram um quadro interessante de como a cidadania foi pensada após o fim da Monarquia. Conforme fixado na Constituição de 1891, eram eleitores os cidadãos maiores de 21 anos que se alistassem na forma da lei, excluindo-se os mendigos, os analfabetos e os praças de pré, excetuados os alunos das escolas militares de ensino superior, os religiosos de ordens monásticas, companhias, congregações ou comunidades de qualquer denominação sujeitos a voto de obediência, regra ou estatuto que importe a renúncia da liberdade individual. Ainda hoje é expressiva a parcela de autores que falam em mudanças pouco significativas ou até de regresso quando se trata de direitos políticos, sobretudo ressaltando a decisão do legislador republicano de excluir os analfabetos. Entretanto, os dados mostram que, com a passagem para a República, houve um aumento significativo (duplicou o contingente eleitoral), ainda que percentualmente inexpressivo. Em números absolutos, o eleitorado subiu de 863.401 para 2.926.156 inscritos. As variações registradas entre 1889 e 1929 seguem reformas pontuais que definiram novas regras para o alistamento. Com a aprovação da Reforma Eleitoral n. 1.269, de 15 de novembro de 1904, mais conhecida como *Lei Rosa e Silva*, os dispositivos legais estabeleceram uma série de inovações no processo de alistamento, que exigia, na prática, o recadastramento dos eleitores. O pico registrado em 1930 não se deve a uma mudança das regras eleitorais. Trata-se de uma eleição renhida, a mais competitiva da Primeira República segundo alguns autores, em que coincidiu a eleição para o Congresso Nacional com a escolha do Presidente da República (Viscardi, 2001). Portanto, o aumento do contingente eleitoral se deve à maior mobilização promovida pelos agentes partidários para alistar o maior número de cidadãos.

Os estudiosos têm sido mais generosos sobre a Segunda República (1930-1937). O ano de 1930 é considerado crucial para pensar o Brasil; "um divisor de águas na história do país", nos termos do historiador José Murilo de Carvalho (2003). Muito se deve à nova legislação eleitoral organizada no Código Eleitoral de 1932, que inovou ao incluir o voto feminino, a adotar um sistema (quase) proporcional, a instituir o voto secreto e a criar a Justiça Eleitoral. Entretanto, ainda que pese o voto às mulheres, a legislação impossibilitava o voto dos analfabetos, na época, cerca de 75% da população. Não é por acaso que nas eleições de 1933 e 1934 – as únicas em nível federal antes do golpe de 1937, que instituiu o Estado Novo – o número de cidadãos alistados foi inferior ao registrado nas eleições de 1930, as últimas da Primeira República (Carvalho, 2003).

Tendo como ponto de partida a noção marshalliana (Marshall, 1967) da evolução da cidadania, é evidente que o Brasil se distancia desse modelo. Devemos reconhecer que 1881 foi, nas palavras de Carvalho (2003, p. 38), "um tropeço". O fato de que apenas em 1985 os analfabetos conquistaram o direito ao voto é geralmente considerado um exemplo de como os direitos políticos foram alcançados tardiamente no país.

Paolo Ricci

Entretanto, para termos uma visão mais clara sobre o caso brasileiro, é útil olharmos para outros países. O caso francês é bem interessante, pois mostra que também houve "tropeços" naquele país (Gráfico 1.3). Conforme Niess (2014), após o "surto" inicial dos eventos revolucionários, quando cerca de 26% da população foi alistada, o contingente eleitoral foi reduzido. Em 1830, o número de eleitores era muito pequeno (somente 94.000), representando apenas 0,28% da população total. O processo revolucionário de 1848 culminou com a adoção do sufrágio universal masculino, mantido durante o Segundo Império e, sucessivamente, na Terceira República, em 1873. A ideia de que não há uma evolução gradual e contínua na concessão dos direitos políticos caracteriza outros países, como a Itália ou a Alemanha (Niess, 2014).

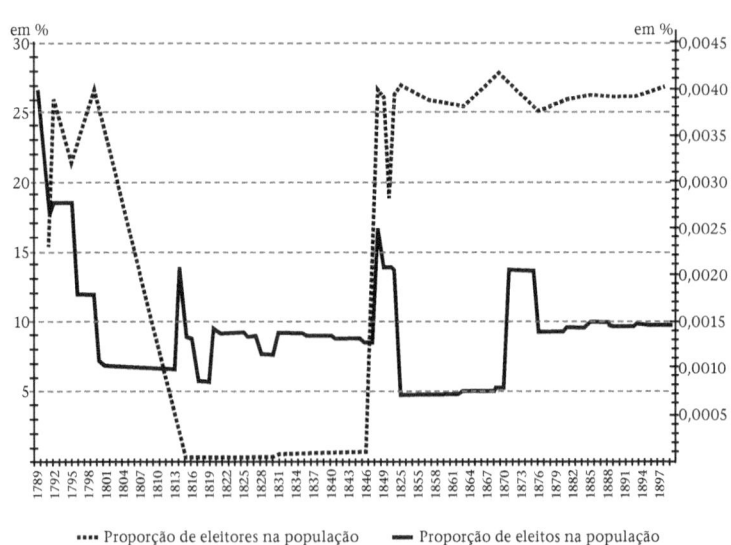

Gráfico 1.3 – Proporção da população adulta com direito a voto na França

•••• Proporção de eleitores na população — Proporção de eleitos na população

Fonte: Elaborado com base em Niess, 2014, p. 20.

Por fim, uma comparação entre América Latina e Europa. Vários estudiosos têm apontado o caráter mais inclusivo das eleições no continente latino-americano, pelo menos nas fases iniciais do governo representativo (Sabato, 2018; Morelli, 2007). A razão disso pode ser encontrada no modelo de cidadania dominante na América Latina, estritamente relacionado com a antiga noção de *vecinidad*, isto é, uma concepção jurídica que valoriza o elo com o território e aproxima os indivíduos, pois os considera iguais em virtude da partilha de valores e culturas locais, vinculados à comunidade em que o sujeito trabalha e exerce sua ação política (Morelli, 2007). Nessa perspectiva, portanto, a identidade política do sujeito não era nacional, mas local, construída ao redor das comunidades locais. A amplitude da visão de cidadania assim pensada explica por que indígenas, artesãos, jornaleiros urbanos, pequenos comerciantes, estudantes, funcionários públicos, camponeses, isto é, amplos setores populares, puderam participar dos processos eleitorais. A introdução de direitos políticos amplos também se explica pela intensa mobilização popular vivida durante as guerras de independência. Foi a partir dos anos 1830 que se introduziram leis mais restritivas, inspiradas no *vote capacitaire* francês.

Em síntese, a história do sufrágio não é unidirecional, mas sofreu intervenções contínuas que reduziram ou ampliaram o número de eleitores, às vezes de forma abrupta, outras menos radicalmente. No próximo capítulo, abordaremos as razões que levaram o legislador a promover mudanças que, com o tempo, incorporaram cada vez mais cidadãos adultos. Por enquanto, ficamos com a ideia de que o consenso do governo representativo não é algo dado, mas um processo em contínua (re)construção.

Paolo Ricci

1.2.2 Os eleitos: o princípio da diferença

Nesta seção, trataremos do elemento aristocrático que caracteriza a eleição. De acordo com Manin (1997), no início do governo representativo, existiam normas, disposições e restrições que permitiam que apenas alguns, e não todos, pudessem almejar cargos eletivos. Se, no Reino Unido, a lei determinava os requisitos dos candidatos com base no censo, na França, ser proprietário de terras e pagar impostos eram condições necessárias para exercer cargos públicos (Manin, 1997). Ainda que, como vimos, na América Latina inicialmente o sufrágio fosse mais amplo do que aquele observado na Europa, havia fortes restrições para o acesso aos cargos públicos, e os candidatos eram obrigados a comprovar a posse de terras e propriedades e que sabiam ler e escrever (Sabato, 2018). As barreiras à entrada no parlamento derivavam de uma ideia de representação elitista, isto é, baseada na convicção de que apenas aos mais qualificados seria permitido governar a coisa pública.

O elemento aristocrático também emergia com toda sua força nas práticas eleitorais. Na Europa do início de 1800, o candidato a um cargo político era o líder natural da comunidade local. Consistia em uma escolha "natural", em respeito à hierarquia social preexistente. Na América Latina não era diferente. Os candidatos eram aqueles que se destacavam na comunidade, entre os que eram considerados homens representativos dos grupos e dos cidadãos economicamente ativos.

Além disso, não podemos deixar de mencionar o fato de que não era tarefa simples ser eleito. Na prática, exigia-se que o candidato "fizesse os eleitores", isto é, cuidasse do alistamento deles, organizasse o dia da eleição – levando "seus" eleitores sem deixar que eventuais candidatos de oposição o fizessem em igual ou maior proporção – e acompanhasse a contagem dos votos, pois, na época, os incumbidos dessa tarefa também eram eleitos localmente. Ou seja, as eleições exigiam dispêndio de recursos pessoais, e poucos podiam arcar com tais despesas.

Alguns dados nos ajudam a fornecer um quadro mais completo do aspecto aristocrático dos eleitos (para mais detalhes, ver Cotta; Best, 2007). O gráfico a seguir compara a evolução do perfil dos representantes na Europa desde o século XIX até os dias de hoje.

Gráfico 1.4 – Proporção da nobreza entre os parlamentares de países europeus

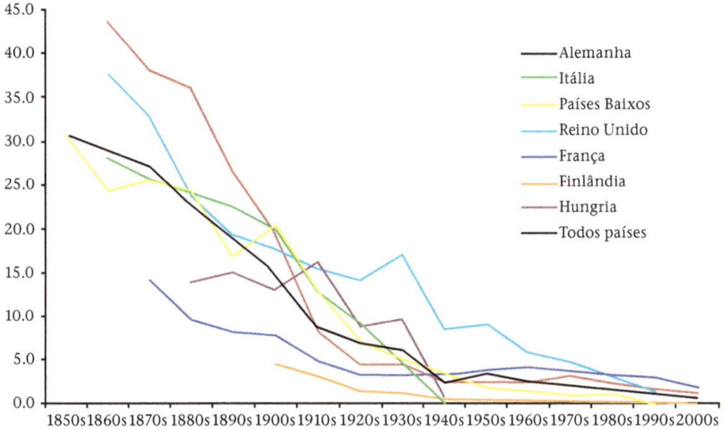

Fonte: Elaborado com base em Cotta; Verzichelli, 2007, p. 430.

Os dados mostram claramente que, no século XIX, a nobreza era a característica distintiva dos parlamentos europeus. Trata-se de um fenômeno que declinou no tempo, ainda que cada país tenha trilhado caminhos distintos. Em particular, a redução dos poderes do monarca, a extensão dos direitos políticos e a mudança do sistema eleitoral (adotando-se a representação proporcional) explicam grande parte da diminuição no volume de representantes da nobreza. A representação proporcional, por exemplo, é uma dimensão importante para explicar essa mudança, pois foi com ela que se garantiu o acesso a grupos minoritários, possibilitando a representação de classes sociais distintas, em particular dos operários.

Quanto ao Brasil, temos um fenômeno pertinente: a redução no número de senadores com diploma de Direito. Era comum que o representante tivesse essa formação; era uma espécie de pré-requisito para ter acesso aos cargos públicos. Dados do Brasil Imperial confirmam isso. Conforme levantamento feito por Carvalho (2008), a elite imperial era altamente educada: 91% dos ministros e 76% dos senadores não ministros tinham nível de educação superior, sobretudo com formação na área jurídica, em ciências exatas e na área militar. No início do Império e até 1840, grande parte dessa elite política se formara em Portugal, em particular em Coimbra. Com a criação de institutos superiores no Brasil após a independência, já no final do Império, grande parte dessa elite havia se formado em solo brasileiro. Ainda em 1886, na última legislatura imperial, 46,4% dos deputados se constituíam de bacharéis e 12,1% de advogados (Carvalho, 2008).

De acordo com Carvalho (2008), esse quadro configura uma composição similar das elites que garantiu a unidade nacional e a redução do conflito nacional, sobretudo em comparação com outros países latino-americanos.

Síntese

Este primeiro capítulo explorou as origens do governo representativo, mostrando que as experiências revolucionárias francesa e americana foram momentos de ruptura na forma de escolha dos representantes, tornando as eleições o mecanismo dessa escolha para dar voz ao povo. As eleições periódicas, previstas pelo calendário eleitoral, garantiam que os governantes ganhassem legitimidade para exercer funções públicas.

Dessa perspectiva, a representação política pode ser pensada com base em dois atores principais: o eleitor e o eleito. No primeiro caso, pelo menos inicialmente, a questão gira em torno da criação de um corpo eleitoral amplo, garantindo a legitimidade do eleito. O significado atribuído ao cidadão como ator político é, porém, mutável, dependendo do tipo de cidadão que as elites políticas desenham. Isso significa que a construção da cidadania – basicamente a atribuição de determinados direitos aos cidadãos de um país – é um processo em contínua reformulação e cujo caminho não é linear. No segundo caso, enfatiza-se o elemento aristocrático do governo representativo: o *status* dos representantes era diferente dos representados, e aqueles eram superiores por virtude, riqueza e capacidade.

A própria legislação eleitoral fixava determinados requisitos para o cidadão que quisesse ocupar cargos públicos. Como veremos no próximo capítulo, as instituições representativas evoluíram entre os séculos XIX e XX e a tendência dominante foi eliminar requisitos censitários para os representantes, garantindo a entrada de indivíduos de diferentes estratos sociais.

Questões para revisão

1. Indique as razões principais que, segundo Manin (1997), justificaram a preferência pelas eleições como mecanismo de seleção dos representantes.

2. Assinale a afirmativa correta:
   a) O voto dos homens adultos pode ser entendido como um fenômeno lento e gradual, mas nunca abrupto.
   b) O caso inglês é representativo de como o sufrágio universal se expandiu na Europa.

Paolo Ricci

c) A redução no número dos deputados com diploma de Direito é característica de vários partidos na Europa.
d) *Vecino* é um termo usado na América Latina, incluindo o Brasil, para definir quem tem direitos políticos.
e) Os plebiscitos no século XIX foram os primeiros atos democráticos inclusivos nos quais os eleitores expressam uma escolha livre e espontânea sobre decisões centrais para a constituição do Estado moderno.

3. Explique o princípio da diferença e como ele mudou no tempo.
4. Assinale a afirmativa correta:
   a) O perfil dos representantes mudou pouco ao longo do século XIX.
   b) No Brasil, a reforma de 1881 teve um impacto significado sobre o eleitorado, reduzindo-o significativamente.
   c) O mecanismo do sorteio não é extremamente complexo e é considerado pouco democrático.
   d) Na época das Revoluções Americana e Francesa, o sorteio era pouco conhecido entre os políticos.
   e) O sorteio é um procedimento que confere igualdade de oportunidades ao cidadão, sem garantia de imparcialidade do representante.

5. Assinale a alternativa **incorreta**:
   a) Doge foi o primeiro magistrado da República de Veneza.
   b) Manin defende que a centralidade do mecanismo eleitoral deriva da necessidade dos governos de se legitimar perante o povo.
   c) O plebiscito era habitualmente usado para legitimar a anexação de uma região.
   d) A história do sufrágio é unidirecional, configurando-se como uma conquista gradual de direitos políticos por parte de uma população que lutou por eles.
   e) A extração à sorte é considerada até hoje o método mais democrático para se tomar uma decisão.

Questão para reflexão

1. Os Estados modernos se formaram no século XIX, na Europa, e as eleições adquiriram papel central como mecanismo de escolha dos representantes. Reflita sobre esse aspecto e a importância dele para a democracia atual. Sobretudo, tente deslocar o foco dos direitos políticos – isto é, de quantos votavam – para a questão do consenso como forma para legitimar o governante.

Paolo Ricci

Capítulo 2
Sufrágio universal
e representação
proporcional

Conteúdos do capítulo:

- Conceito de democracia.
- Transição do governo representativo para a democracia.
- Sufrágio universal.
- Sistemas eleitorais.

Após o estudo deste capítulo, você será capaz de:

1. compreender que as características do governo representativo e da democracia são distintas e que uma forma de abordá-las é considerar os aspectos das regras eleitorais;
2. entender que o sufrágio universal é uma das dimensões da democratização, mas que não deve ser considerado como aspecto único e principal;
3. compreender que o argumento da exclusão das mulheres deve ser melhor investigado, levando-se em conta o contexto social em que elas atuavam no passado.

Em suas origens, o governo representativo não era um governo democrático. Neste capítulo e no próximo, discutiremos a passagem do governo representativo do século XIX para as democracias do século XX. Ao fazê-lo, dedicaremos particular atenção ao caso brasileiro, dando ênfase aos anos 1930, quando o Código Eleitoral mudou alguns aspectos do modo de se processar as eleições.

(2.1)
A EVOLUÇÃO DO CONCEITO DE DEMOCRACIA

Consideramos prioritário iniciar com uma reflexão sobre o conceito de democracia. Duas concepções serão levadas em conta, ambas amplamente aceitas entre os estudiosos e, podemos dizer, estritamente próximas, apesar de serem frequentemente contrapostas.

Inspirada na obra de Schumpeter (2017[1942]), a primeira delas limita a democracia ao método de seleção de uma elite política por meio de eleições periódicas realizadas em um clima de livre concorrência. Trata-se de uma definição minimalista, que se afasta do debate predominante na época (Schumpeter, 2017), em que a visão sobre a democracia estava fortemente condicionada à discussão sobre a escolha da melhor forma de governo. Ao focar o método, Schumpeter (2017) se distancia das intermináveis e inconclusivas discussões relativas às características desejáveis dos políticos ou, ainda, das reflexões sobre o grau de responsividade que os representantes deveriam ter perante os eleitores. Na perspectiva schumpeteriana, um país é democrático quando os governantes podem ser removidos por meio do voto de uma maioria de cidadãos. Aqui, o elemento-chave é a ideia de que quem governa aceita uma eventual derrota eleitoral, tornando-se oposição e deixando governar quem o derrotou (Przeworski, 1997).

Alternativamente, conforme Robert Dahl em *Poliarquia* (1997), a democracia seria o produto da extensão de duas dimensões principais: contestação pública e inclusão (ou participação política). Nesse caso, *contestação* implica que as "eleições devem permitir a entrada de quem quiser participar" (Bartolini, 1999, p. 446, tradução nossa) para eventualmente sancionar quem está no poder. Historicamente, sabemos que, na primeira metade do século XIX, as candidaturas únicas eram frequentes e, na maioria dos casos, não havia opositores. Esse era o cenário encontrado em muitos países na Europa até meados do século XIX (Caramani, 2004); foi o caso, por exemplo, das primeiras eleições no Segundo Império francês. Na eleição de 1852, a primeira do Império francês, em quatro quintos dos distritos a oposição sequer apresentou candidatos (Price, 2001). Em nível local, era o que ocorria em muitas regiões da Alemanha Imperial (Anderson, 2000). Na Itália liberal, nas eleições de 1892, em cerca de 26% dos distritos eleitorais o candidato derrotado obteve menos de 5% dos votos (Cammarano, 1999). Na Nova Zelândia, nas primeiras eleições (1853, 1855 e 1860), cerca da metade dos distritos era *uncontested* (isto é, com candidaturas únicas, sem competidores) e, em 1866, esse valor subiu para 61,7% (Martin, 2005).

Situações similares podem ser encontradas em experiências latino-americanas, como durante o governo Rosas, na Argentina, entre 1835 e 1852 (Ternavasio, 2003) ou no regime de Porfirio Diaz, no México (Annino, 2004), com listas únicas de candidatos preparadas pelos governistas. A dimensão da inclusão remete diretamente para as políticas de expansão do sufrágio, adotadas para reduzir e eliminar as barreiras à entrada de novos eleitores, como as censitárias, de instrução ou de sexo.

Para Dahl (1997), oito garantias institucionais estariam implícitas nessas duas dimensões: a liberdade de formar e participar de organizações; a liberdade de expressão; o direito de voto; o direito de ser elegível para cargos públicos e de concorrer a apoio político; o direito a fontes alternativas de informação; eleições livres e justas; a dependência do voto por parte das instituições; a expressão de preferências. Portanto, se na visão minimalista o que vale é a competição política e as chances reais de mudar o *status quo*, isto é, de derrotar o governo, na proposta de Dahl (1997), as premissas do jogo democrático residem em um conjunto de liberdades.

Apesar de essas duas visões serem apresentadas separadamente no debate acadêmico, elas não se distanciam muito uma da outra e são, de certa forma, congruentes. O fato é que a definição minimalista assume as condições prévias para a disputa de eleições – os direitos e as liberdades – simplesmente porque, sem elas, o governo no cargo não poderia ser derrotado. Portanto, a definição não é tão minimalista como pode parecer à primeira vista (Saffon; Urbinati, 2013). Ou seja, as definições **minimalistas, processualistas** ou **schumpeterianas** pressupõem a existência de algumas liberdades básicas, ou garantias fundamentais, para que a disputa entre os partidos ocorra e, sobretudo, para que o resultado seja respeitado (O'Donnell, 1999).

Com base nessas duas abordagens, os cientistas políticos têm travado uma discussão acirrada sobre a classificação de um país como democrático. Para tanto, vários indicadores são considerados e, como era de se esperar, as divergências são enormes. Por exemplo, Boix, Miller e Rosato (2012) utilizam uma medida de democracia dicotômica baseada na contestação e na participação, segundo a qual os países são codificados como democráticos se tiverem: (1) líderes políticos que são escolhidos por meio de eleições livres e justas e (2) um nível mínimo de sufrágio.

Já para Cheibub, Gandhi e Vreeland (2010), um regime é considerado democrático se o Executivo e o Legislativo são eleitos direta ou indiretamente pelo voto popular, se são permitidos múltiplos partidos e se eles existem dentro do Legislativo, e, ainda, se não houve medidas que trouxessem alguma vantagem para quem está no poder (por exemplo, o fechamento inconstitucional da câmara baixa ou a extensão do mandato do titular após o adiamento das eleições). Nesse entendimento, vários índices de democracia foram construídos para mapear a evolução dos regimes. Um dos mais conhecidos é o Projeto de Pesquisa Variedades da Democracia (V-Dem) – ou *The Varieties of Democracy Research Project*, em inglês –, que adota uma abordagem abrangente para entender a democratização. Essa abordagem considera vários princípios centrais: eleitoral, liberal, majoritário, consensual, participativo, deliberativo e igualitário. A vantagem do V-Dem quanto aos outros índices é que ele nos permite observar a evolução ao longo dos anos e dos séculos e comparar vários países e regiões, conforme apresentado nos dois gráficos a seguir.

Gráfico 2.1 – Índice de democracia eleitoral (continentes)

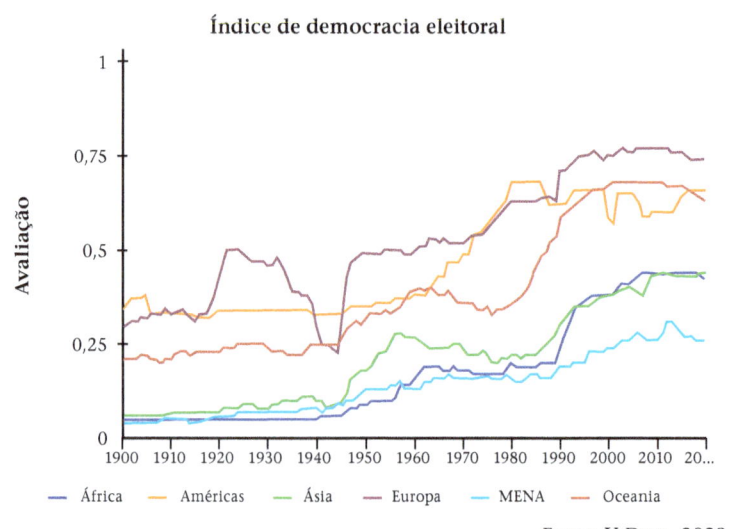

Fonte: V-Dem, 2023.

Gráfico 2.2 – Índice de democracia eleitoral (Brasil)

Brasil

[Gráfico mostrando o Índice de democracia eleitoral do Brasil de 1900 a 20..., com eixo vertical "Categoria do livro de código" variando de MÍN a MÁX]

——— Índice de democracia eleitoral

Fonte: V-Dem, 2023.

Distanciando-nos dos debates dos anos 1960 e 1970, em que a ênfase recaía na modernização ou na cultura política, podemos dizer que a evolução do governo representativo é explicada por um arcabouço institucional que molda as disputas eleitorais. Apesar das diferentes formas de se lidar com a mensuração da democracia, é possível identificarmos quatro dimensões eleitorais centrais para entendermos o processo de democratização: sufrágio universal, fórmula eleitoral, voto secreto e normas em matéria de administração das eleições. Trata-se de mudanças das regras eleitorais promovidas pelas elites políticas no final do século XIX e início do século XX que alteraram a estrutura do governo representativo e criaram as condições para que um país se torne democrático.

Antes de analisá-las, devemos esclarecer as demais regras eleitorais que completam o arcabouço institucional que regulam a participação dos cidadãos e as formas de representação, sobre as quais não iremos tratar neste livro (Lanchester, 1981). Podemos dizer que, em um sentido amplo, as regras eleitorais remetem às normas:

1. referentes à composição do corpo eleitoral (ou seja, todas as pessoas com direito a voto);
2. relativas à convocação das eleições;
3. relacionadas com o eleitorado passivo (ou seja, os requisitos que devem ser preenchidos para o acesso a cargos públicos);
4. **referentes aos órgãos que fiscalizam e controlam as operações eleitorais;**
5. que disciplinam as formas de se fazer campanha eleitoral (por exemplo, fixando limites à atividade da propaganda em rádio e TV);
6. que disciplinam a forma de apresentação das candidaturas e das listas partidárias (número mínimo de assinaturas exigidas, pagamento de caução etc.);
7. relacionadas com o financiamento de partidos e candidatos e as despesas eleitorais;
8. **relativas à fase de votação.**

Apenas a primeira, a quarta e a última das oito regras listadas serão objeto de reflexão (enfatizadas em *bold*). A primeira é amplamente tratada na literatura e considera a expansão do eleitorado tendo em vista a concessão de direitos políticos à população adulta. A última considera as formas de votação e será aqui abordada enfatizando a transição de um voto público (quando a manifestação do voto é sujeita ao monitoramento por parte de políticos e partidos) para um voto secreto (independência do eleitor no ato de expressar suas preferências). A quarta norma desloca o foco do indivíduo para as instituições eleitorais, prestando atenção aos órgãos fiscalizadores das eleições, visando à garantia de eleições livres e não manipuladas.

As demais regras têm pouco impacto sobre o processo de democratização. Por exemplo, o financiamento partidário é tema constante no debate público contemporâneo, mas acompanha a transformação dos partidos tradicionais apenas no século XXI, levando-se em conta que as normas em matéria se desenvolveram substancialmente apenas a partir dos anos 1970, quando as grandes democracias liberais introduziram, na legislação eleitoral, permissões legais de financiamento das atividades partidárias.

As regras eleitorais, em um sentido estrito, remetem ao conjunto de procedimentos que regem a transformação das preferências em votos (primeira fase do processo eleitoral) e dos votos em mandatos (segunda fase) (Rae, 1971). Três dimensões são essenciais para caracterizar os procedimentos:

1. o tipo de cédula eleitoral (ou boletim de voto);
2. as dimensões da circunscrição eleitoral;
3. o tipo de fórmula eleitoral ou matemática.

Discutiremos apenas o impacto da fórmula eleitoral, isto é, o mecanismo para a tradução dos votos em cadeiras. Ainda que existam inúmeras variedades de sistemas eleitorais, neste texto abordaremos a transição de um modelo majoritário, no qual os candidatos vitoriosos representam o distrito em que se elegem, para a forma proporcional, em que os partidos são representados de acordo com a força numérica das urnas. O tipo de cédula eleitoral será considerado quando falarmos sobre o momento da votação, pois é um aspecto importante que caracteriza o voto secreto.

Neste capítulo, portanto, o foco recai sobre duas mudanças: o sufrágio universal e a introdução da representação proporcional. Para todos os quatro casos de mudança das regras reportadas anteriormente, traremos evidências do caso brasileiro, tendo o cuidado de olhar para outros países, valorizando uma abordagem comparativa que permita ao leitor situar a experiência do nosso país.

Paolo Ricci

(2.2)
O SUFRÁGIO UNIVERSAL

Entre os acadêmicos, há unanimidade em considerar o sufrágio a condição *sine qua non* da democracia. O gráfico a seguir ajuda a ilustrar a evolução do sufrágio no mundo.

Gráfico 2.3 – Proporção de países que adotaram o sufrágio universal, por ano

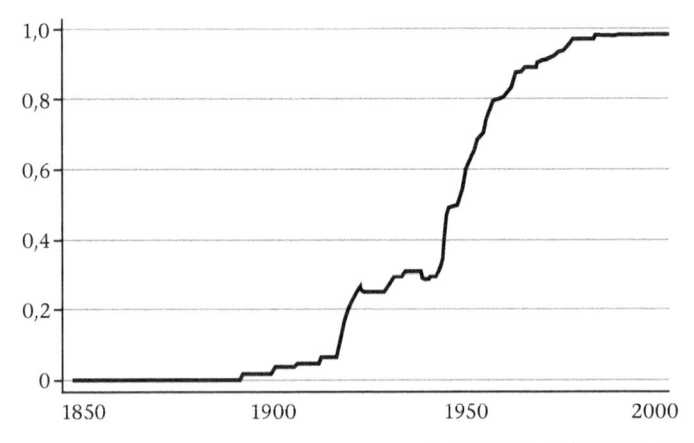

Fonte: Przeworski, 2009, p. 292.

A linha indica claramente que, hoje em dia, o sufrágio é universal na quase totalidade dos países. Isso quer dizer que também regimes autoritários adotam mecanismos de participação ampla. Em Cuba, cerca de oito milhões de eleitores são convocados a cada cinco anos para eleger delegados provinciais para a Assembleia Nacional. Não há voto obrigatório, mas não votar não é bem-visto politicamente.

No entanto, nem por isso se trata de uma disputa democrática. Os eleitores escolhem entre os candidatos propostos por assembleias populares e organizações sindicais e estudantis, após a certificação feita por comissões incumbidas de avaliar as características dos candidatos. O gráfico a seguir compara o caso brasileiro com outros países até a eleição de 1933, a primeira após a Revolução de 1930.

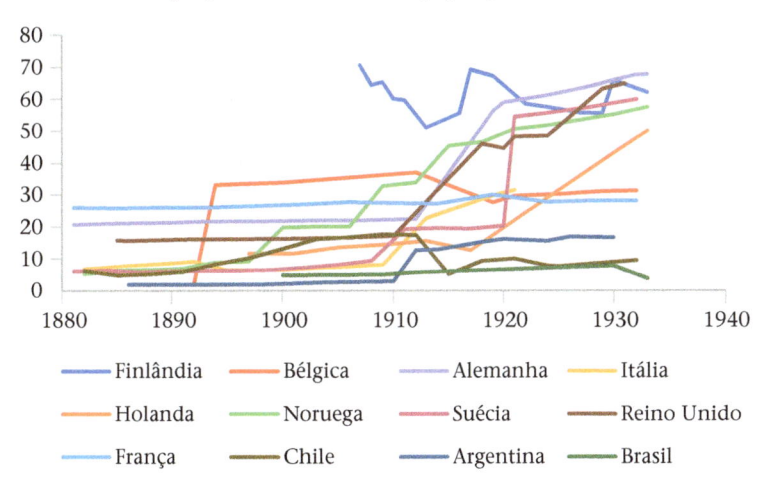

Gráfico 2.4 – Proporção de eleitores sobre a população total

[Gráfico de linhas mostrando a proporção de eleitores sobre a população total entre 1880 e 1940 para: Finlândia, Bélgica, Alemanha, Itália, Holanda, Noruega, Suécia, Reino Unido, França, Chile, Argentina, Brasil.]

Fonte: Elaborado com base em consulta aos *sites* oficiais dos parlamentos dos países citados.

Os dados são conhecidos. Como sabemos, no Brasil, os analfabetos foram excluídos do direito ao voto. Se a quintessência da democracia se encontra na participação ampla da população para selecionar seus representantes (Manin, 1997; Lipset; Rokkan, 1967), então deveríamos apontar os limites da experiência representativa. Para alguns, considerando-se que apenas em 1985 os analfabetos puderam votar, o termo *democracia* seria até inaplicável para o período sucessivo a 1945, reconhecidamente democrático (Santos, 2018; Nogueira, 2005). Mantido o critério numérico (quantidade de eleitores) como aspecto principal para pensarmos na democratização, é quase que automático constatarmos que o Brasil se afastou dos demais países a partir do início de 1900.

No transcorrer desse intervalo de tempo, continuamos com a menor incorporação de eleitores, enquanto outros países estenderam gradativamente o direto de voto (Itália e Argentina), chegando ao sufrágio universal masculino antes dos anos 1930 (Noruega, Alemanha, Suécia, Holanda e Reino Unido). A Finlândia deslanchou à frente de todos e se tornou a primeira nação a ampliar o direito de voto inclusive às mulheres, sem restrições censitárias ou de qualquer outra monta, já em 1906. Mesmo França e Bélgica, que pouco mudaram ao longo do período, concediam direitos políticos para parte significativa da população. Dentre todos os casos reunidos, somente o Chile restou mais próximo do Brasil ao final dessa fase – tendo, porém, experimentado uma distensão do sufrágio em princípios dos anos 1900.

Há três razões para não insistirmos nessa interpretação limitadora da experiência representativa no Brasil. A primeira é metodológica. A participação política é quase sempre calculada levando em conta o número de eleitores sobre o total da população. Evidentemente, isso leva a um erro de mensuração, pois o cálculo deveria excluir os menores de idade. A título de exemplo, o gráfico a seguir compara os níveis de participação em 1922, calculados de três formas diferentes: a proporção de eleitores sobre a população total (barras em preto); a proporção de eleitores sobre a população acima de 20 anos; a proporção de eleitores sobre a população masculina acima de 20 anos. Para além das variações observadas, importa aqui comentarmos o valor expressivo de homens inscritos registrados em 1922. A maioria dos estados tem um número de alistados superior a 10%, alcançando níveis significativos para o Distrito Federal e o Rio Grande do Sul.

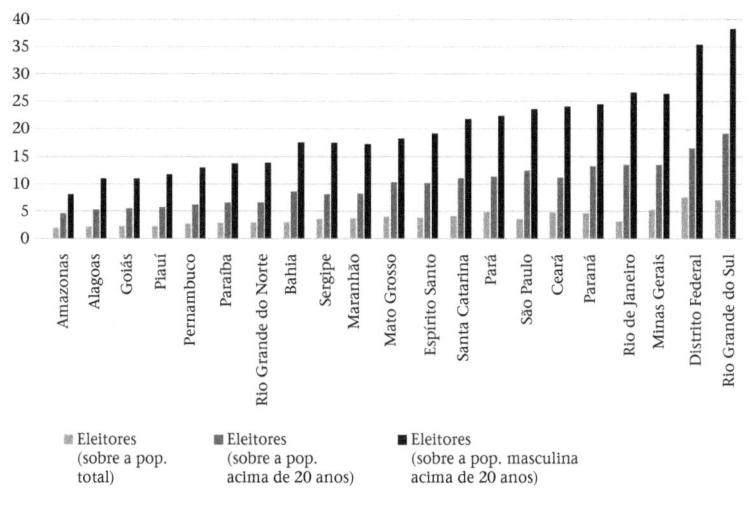

Gráfico 2.5 – Proporção de eleitores em 1922 sobre a população total, acima de 20 anos e masculina (Brasil)

- Eleitores (sobre a pop. total)
- Eleitores (sobre a pop. acima de 20 anos)
- Eleitores (sobre a pop. masculina acima de 20 anos)

Fonte: Elaborado com base em Ricci; Zulini, 2023, p. 106.

A segunda razão é que a participação política cresceu após 1945 mesmo sem a participação formal dos analfabetos (Carvalho, 2003), consequência da melhoria nas condições educacionais e demográficas. Em 1962, por exemplo, 19 milhões de eleitores, cerca de 26% da população total do Brasil, foram alistados. Diferentemente da Primeira República, o comparecimento eleitoral era elevado. Até 1930, menos de 50% dos eleitores votava, e a abstenção eleitoral era uma realidade que jornais e políticos costumavam lembrar ao apontar as fragilidades das eleições. Em 1933 e 1934, a situação mudou. Ainda que não tenha havido aumento no número de eleitores, o comparecimento eleitoral atingiu a casa de 80% (Braga; Aflalo, 2019). A partir de 1945, esses valores se confirmaram em todos os estados, mostrando que as diferenças regionais e as clivagens internas (em particular, a distinção entre áreas urbanas e rurais) perderam a significância.

Paolo Ricci

A terceira razão é de ordem prática. De acordo com alguns autores, durante a experiência democrática de 1945, os analfabetos não eram impedidos de fato de votar. Isso por que, "as fronteiras da cidadania política estavam longe de ser definidas objetivamente" (Limongi; Cheibub; Cheibub, 2015, p. 29). Na prática corriqueira das fases pré-eleitorais, os partidos alistavam os eleitores mesmo se não gozassem dos requisitos formais para o voto.

Antes de concluirmos a reflexão sobre o sufrágio, vale abrirmos um parêntese sobre a representação feminina. No Brasil, assim como em outros países, o sufrágio universal foi, antes de tudo, um direito concedido aos homens. A ausência da mulher no mundo da política espelhava uma construção ideológica e da sociedade que separava nitidamente a esfera masculina da feminina. A mulher não tinha independência, acudia a família, faltava-lhe educação e, quando trabalhava, gozava de salários inferiores. A conquista do voto feminino seguiu vários caminhos (Rubio-Marin, 2014). Em alguns países, o direito foi alcançado antes da Segunda Guerra Mundial, fortemente ligado a outras reivindicações, como a luta pela independência. Em outros países, a mulher entrou na agenda das reformas em prol dos direitos políticos logo depois da adoção do sufrágio masculino, mas antes de 1945. Três fatores podem ser apontados como determinantes para a expansão dos direitos das mulheres:

- a presença de movimentos sufragistas;
- a capacidade de apresentar a luta como relevante, acima até da luta de classes (Alemanha) ou da independência (Irlanda), ou a participação das mulheres na Primeira Guerra Mundial (Alemanha e Reino Unido);
- a capacidade dos movimentos de encontrar apoiadores entre as elites políticas conservadoras.

Como sabemos, o voto feminino foi adotado pela primeira vez no Brasil em 1932, quando a mulher passou a ter o direito ao voto e a ser candidata. No Império, o discurso em prol do voto feminino era visto como ameaçador ao papel da mulher no casamento e na maternidade (Hahner, 2003). Tal percepção se replicou durante a Primeira República. Vários autores reconhecem que os movimentos feministas da Primeira República não questionavam o modelo feminino da época, isto é, de mulheres cuja atuação na vida pública e privada era vista como dependente da atuação dos homens. Era um feminismo bem-comportado, que buscava o reconhecimento de direitos políticos (Soihet, 2006). As entrevistas concedidas por mulheres da elite pernambucana em 1927 sobre a mudança da Constituição do Rio Grande do Norte, que instituía o voto feminino, confirmam a ideia de que a mulher, mesmo podendo votar, enxergava como sua missão primordial os atos de procriar e educar (Nascimento, 2013).

Nessa linha, as interpretações sobre o voto feminino de 1932 são a de um direito que pouco impactou na vida pública. Cabe ressaltarmos, ainda, que o alistamento e o voto eram voluntários. Na época, a liberdade de ação da mulher estava formalmente limitada pelo Código Civil de 1916 – Lei n. 3.071, de 1º de janeiro de 1916 –, que, em seu art. 6º, pregava: "São incapazes, relativamente a certos atos, ou à maneira de os exercer: I. Os maiores de dezesseis e menores de vinte e um anos. II. As mulheres casadas, enquanto subsistir a sociedade conjugal" (Brasil, 1916).

A dependência do marido era manifesta, e as atribuições do homem na relação conjugal estavam expressamente previstas nesse Código Civil, em particular "o direito de autorizar a profissão da mulher e sua residência fora do teto conjugal" (Brasil, 2016, art. 233, IV).

Faltam dados consolidados sobre a participação das mulheres na eleição de 1933, a primeira em que elas puderam votar e ser eleitas. Evidências colhidas em algumas cidades e estados brasileiros revelam uma participação feminina abaixo de 20% do eleitorado total. Os únicos dados disponíveis em nível estadual se referem ao caso do Rio Grande do Norte, cujas eleitoras representavam 18% das alistadas. Trata-se, portanto, de uma participação moderada (Karawejczyk, 2019). Alguns autores sustentam que esse quadro mudou relativamente na democracia de 1945. Mesmo assim, para as mulheres, "o direito pleno à participação só foi obtido em 1965", quando se exigiu que o alistamento e o voto fossem obrigatórios para um e outro sexo (Limongi; Oliveira; Schmitt, 2019, p. 1). Até 1965, as taxas de alistamento entre as mulheres eram muito inferiores às verificadas entre os homens e pouco superior a um terço do eleitorado alistado. De acordo com os autores, ainda em 1962, as mulheres eram 36,92% do total de eleitores, logo, podemos concluir que "os dados apresentados são suficientes para sustentar que a principal forma de exclusão política era ditada pelo gênero e não pela renda ou educação" (Limongi; Oliveira; Schmitt, 2019, p. 14).

Embora os dados não sejam consistentes, vale apresentarmos uma ponderação a partir dos dados colhidos no arquivo do Tribunal Superior Eleitoral (TSE). A tabela a seguir mostra o percentual de alistadas sobre o total de eleitores em dois períodos relativamente distantes. Antecipadamente, é importante destacarmos:

- as variações significativas entre os estados nos dois períodos considerados (anos 1950 e anos 1960);
- o aumento no valor das alistadas nos anos 1960, mostrando relativa aproximação entre homens e mulheres;
- a diminuição das diferenças entre os estados nos anos 1960;
- as situações em que o alistamento feminino já era elevado nos anos 1950 (Sergipe, Pernambuco e Paraíba).

Por tudo isso, é possível afirmar que o argumento da exclusão das mulheres deva ser melhor investigado. Sobretudo, do ponto de vista dos candidatos, não garantir o alistamento e o voto das mulheres não faz muito sentido em um contexto altamente competitivo, no qual o voto tem o mesmo peso, independentemente do sexo.

Tabela 2.1 – Participação feminina, por estado brasileiro

Estado	Anos 1950	Anos 1960	Observação
Alagoas	38,7	44,6	Dados de dezembro 1951 e dezembro 1961
Amazonas	34,9	42,7	Dados de setembro de 1953 e dezembro 1959
Espírito Santo	27,2	41,8	Dados de dezembro 1951 e junho 1960
Mato Grosso	33,6	37,9	Dados de dezembro 1951 e junho 1960
Minas Gerais	34,6	40,1	Dados de março 1953 e setembro 1954
Pará	37,3	37,6	Dados de dezembro 1951 e dezembro 1961
Paraíba	41,9	47,6	Dados de janeiro 1951 e dezembro 1961
Paraná	22,9	26,8	Dados de julho 1950 e novembro 1959
Pernambuco	42,2	43,7	Dados de dezembro 1958 e dezembro 1961
Piauí	35,9	42,0	Dados de dezembro 1951 e dezembro 1961
Rio Grande do Norte	Sem informação.	51,8	Dados de dezembro 1960
Sergipe	45,8	49,5	Dados de dezembro 1951 e agosto 1960
São Paulo	33,0	32,3	Dados de setembro 1950 e novembro 1959

Fonte: Elaborado com base nos dados do TSE, 2023.

(2.3)
A REPRESENTAÇÃO PROPORCIONAL

No início do governo representativo, o sistema eleitoral dominante era o majoritário, cuja mecânica se resume na expressão *first-past-the-post*, ou seja, quem chega primeiro, ganha. No sistema majoritário com distrito uninominal – distrito uninominal ou circunscrição eleitoral uninominal é o território em que se elege um representante –, é suficiente a maioria relativa dos votos úteis para que o candidato seja eleito. Assim, por exemplo, em uma disputa entre dois candidatos em que um alcança 30% das preferências e o adversário 29%, apenas o primeiro é eleito, representando o distrito como um todo. Trata-se de um sistema bem simples, mas implacável. É típico dos países anglo-saxônicos, como Reino Unido e Estados Unidos. Para temperá-lo, alguns países adotaram o sistema de dois turnos, isto é, no caso em que nenhum dos candidatos alcance a maioria dos votos, há outra eleição, mas a disputa fica restrita aos candidatos mais bem posicionados (geralmente os dois primeiros). É o sistema inicialmente adotado na França, em 1793, ou na Itália, desde a criação do Reino de Itália, em 1861.

No Brasil, durante a Primeira República, também se adotou um sistema eleitoral majoritário, mas em distritos plurinominais – portanto, elegendo no distrito um número de representantes maior que um. Até 1930, os partidos apresentavam, em cada distrito eleitoral, uma lista de candidatos em número igual ou inferior às cadeiras disponíveis e eram eleitos os candidatos com mais votação.

Na literatura, a mudança do sistema eleitoral é central para descrever os processos de democratização do início do século XX. A razão está estritamente ligada à questão dos efeitos produzidos sobre a representação política. Em particular, a transição de um sistema majoritário para uma representação proporcional é considerada um ingrediente indispensável da democracia, pois permite o acesso das minorias, reduzindo barreiras contra a representação de novos partidos (Duverger, 1970). Em um sistema proporcional puro, sem corretivos, cada partido fornece representantes de acordo com o percentual de votos que recebe. Com esse método, portanto, todos os eleitores estão representados, já que um partido pequeno, com 5% de preferência nacional, por exemplo, pode ter candidato eleitos ao parlamento.

Para entendermos essa dinâmica, devemos recorrer à psicologia. O eleitor vota de forma **sincera**, de acordo com suas preferências eventualmente centradas na ideologia do candidato, ou de forma **estratégica**, preferindo a opção mais conveniente. O sistema eleitoral condicionaria tais escolhas. Em um sistema majoritário, os partidos menores estariam em forte desvantagem ante os partidos tradicionais. O efeito mecânico do sistema majoritário – isto é, como os votos são transformados em cadeiras – é o de reduzir o número de ganhadores. Basta conquistar a maioria relativa em um distrito que o primeiro colocado se torna o representante do distrito inteiro.

Um exemplo clareia esse ponto. Nas eleições de 1983 no Reino Unido, o Partido Liberal obteve a metade dos votos dos laboristas (13,9% das preferências nacionais), que se posicionaram em segundo lugar (27,6% das preferências nacionais). Entretanto, os laboristas conquistaram 209 cadeiras, e apenas 17 delas foram destinadas aos liberais. A razão é que os liberais conquistaram a maioria dos votos em poucos distritos eleitorais.

Logo, ao efeito mecânico, podemos adicionar o elemento psicológico do voto. Em tais sistemas, o eleitor é levado a votar de forma **estratégica**. Sabendo que as chances reais de sucesso de um partido menor são baixas, os eleitores desse partido tendem a abandoná-lo em favor de opções mais viáveis. Sistemas eleitorais majoritários, portanto, produzem resultados desproporcionais ao recompensar os partidos maiores com mais cadeiras e, inversamente, ao punir os partidos menores. Conforme Duverger (1970), o voto majoritário em turno único tende a um sistema de dois partidos, com alternância de grandes partidos independentes. O autor nota que nem todos os sistemas majoritários tendiam a essa configuração do sistema partidário: votação por maioria em dois turnos tende para um sistema de partidos múltiplos, flexíveis, dependentes e relativamente estáveis.

Por sua vez, no sistema proporcional a lógica é diferente. Nesse caso, não há estímulos para os eleitores apoiarem partidos maiores em detrimento dos menores. Desse modo, votarão sinceramente, favorecendo partidos menores, sabendo que, mesmo pequenos, eles têm chances reais de conquistarem algumas cadeiras. Portanto, a representação proporcional tende a um sistema de partidos múltiplos, rígidos, independentes e estáveis

Tais considerações foram criticadas e revisitadas no decorrer dos anos. Por exemplo, um terceiro partido que compete em distritos uninominais não necessariamente é destinado a "sumir do mapa" quando há eleitores cujas escolhas se dão unicamente por questões ideológicas (Cox, 1997). Da mesma forma, a relação causa-efeito entre sistema eleitoral e número de partidos é condicionada por outras variáveis. Uma delas é a magnitude eleitoral, isto é, o número de cadeiras disponíveis em nível de distrito eleitoral. Por definição, se o distrito for uninominal, elege-se apenas o primeiro colocado. No caso de distritos plurinominais, como nos sistemas proporcionais, elegem-se dois ou mais deputados. Assim, sistemas proporcionais com distritos eleitorais pequenos – como é o caso espanhol ou português – tendem a reduzir o número de partidos. Ou seja, magnitudes distritais elevadas resultam em maior número de partidos e, *vice-versa*, distritos pequenos reduzem o número de representantes.

O que nos interessa discutir é a mudança do sistema eleitoral como fenômeno que impacta a representação política, permitindo às minorias o acesso ao parlamento. Vários países na Europa e na América Latina adotaram alguma modalidade de representação proporcional antes de 1945. Isso viabilizou a representação das oposições e uma reconfiguração dos parlamentos de uma perspectiva mais plural. Por quê? Por que adotar um sistema que permite o acesso das oposições ao parlamento?

A resposta mais aceita na literatura é a que considera a adoção do sistema proporcional como produto da combinação de dois fatores: a força dos partidos que querem entrar e a força dos partidos que já existem (Boix, 1999; Rokkan, 1970). A mudança eleitoral ocorre em virtude da combinação entre pressões vindas de cima – de uma elite tradicional que quer se manter no poder – e pressões vindas de baixo – oriundas de novos partidos, em sua maioria socialistas na época, mas não apenas, querendo ingressar nos parlamentos. O sistema proporcional foi então adotado nos países em que o partido socialista era forte e disputava parte do eleitorado com partidos tradicionais que não monopolizavam os eleitores, mas dividiam entre si o eleitorado.

Portanto, nesse contexto, é crítica a situação dos partidos tradicionais. A disputa entre conservadores e liberais no final do século XIX aumentou as chances de vitória da terceira força política – em sua maioria socialista –, pois não facilitava a coordenação dos eleitores mais moderados. Para esses partidos, detentores de amplas maiorias nos parlamentos, era racional aprovar uma normativa que reformasse o sistema eleitoral, cedendo às pressões oriundas dos demais partidos, em vez de defender o *status quo*. Passar à proporcional significava conceder espaço aos socialistas, mas, ao mesmo tempo, permitia aos partidos tradicionais sobreviver politicamente, já que uma configuração proporcional das regras eleitorais provocaria uma partilha do poder entre os competidores. Nessa condição, podemos enquadrar o caso da Suécia e da Dinamarca.

Situações em que o voto moderado fosse monopolizado por apenas um partido tradicional, mesmo em presença de um forte partido socialista, não levaria à mudança do sistema eleitoral. Esse foi o caso do Reino Unido. Os trabalhistas eram inicialmente a favor da proporcional quando representavam, em termos numéricos, a terceira força política, após conservadores e liberais. Entretanto, depois da Primeira Guerra Mundial, ante a debacle eleitoral dos liberais, os trabalhistas se tornaram a segunda força política e mudaram suas preferências. Começando a disputar com os conservadores, convergiram com eles quanto à manutenção do sistema majoritário. Da mesma forma, nos países em que a ameaça socialista era inexistente ou fraca (como no Canadá e nos Estados Unidos), o sistema majoritário foi mantido.

No Brasil, a proporcional foi introduzida em 1932. Logo após o movimento revolucionário que conduziu Getúlio Vargas ao poder, em 6 dezembro de 1930, foi criada a Subcomissão de Reforma da Lei e Processo Eleitorais pelo Decreto n. 19.549, de 30 de dezembro de 1930. Composta por apenas três membros considerados especialistas no assunto – o gaúcho Assis Brasil, o piauiense João Cabral e o paulista Pinto Serva –, a tarefa principal da subcomissão era elaborar novas regras para a eleição da Assembleia Constituinte. Os trabalhos resultaram no Código Eleitoral, publicado em 24 de fevereiro de 1932 pelo Decreto n. 21.076 (Zulini, 2019). Vejamos alguns trechos do referido código:

Art. 58 [...]

2º Faz-se a votação em dois turnos simultâneos, em uma cédula só, encimada, ou não, de legenda. [...]

4º Considera-se votado em primeiro turno o primeiro nome de cada cédula, e, em segundo, os demais, salvo o disposto na letra b do n. 5.

5º Estão eleitos em primeiro turno:

a) os candidatos que tenham obtido o quociente eleitoral (n. 6);

b) na ordem da votação obtida, tantos candidatos registrados sob a mesma legenda quantos indicar o quociente partidário (n. 7). (Brasil, 1932)

Portanto, tratava-se de um sistema misto, não totalmente proporcional. Era proporcional porque, na apuração do primeiro turno, contava o quociente partidário; resultava votado em primeiro turno o primeiro nome de cada cédula. Não era totalmente proporcional pois incorporava uma lógica majoritária, permitindo que os outros candidatos fossem eleitos em segundo turno. Em 1933, 65,4% dos deputados haviam sido eleitos no primeiro turno, em sua maioria pelo quociente partidário, mostrando a prevalência do elemento proporcional (Zulini, 2019).

Os efeitos produzidos pela reforma foram significativos quanto ao formato da competição política. O primeiro deles é o nascimento de inúmeras siglas partidárias. Ainda no final de 1932, o *Jornal do Brasil* veiculava a notícia de que "não há dias em que não surjam várias notícias, anunciando novos grupos que se agremiam para o pleito constituinte, [...], como uma proliferação de cogumelos em tempos de chuva" (Leitão, 1932, p. 5).

Fazendo uma comparação com a Primeira República (1899-1930), o gráfico a seguir organiza alguns dados para a disputa da Câmara dos Deputados. A eleição de 1899 é considerada um divisor de águas pela literatura. Naquele ano, o Presidente da República, Campos

Sales, promoveu uma reforma do processo de verificação dos poderes que conferiu estabilidade à dinâmica eleitoral nos anos seguintes. Basicamente, garantiu-se o sucesso do partido do governador em cada estado, sem deixar vagas às oposições, de modo que o Congresso Nacional se constituiu por bancadas estaduais unânimes (Ricci; Zulini, 2013). Os dados mostram claramente o elevado número de partidos competindo por estado em 1933 e 1934, bem superior aos encontrados no regime da Primeira República (Ricci; Silva, 2019). O que de fato aconteceu é que, no final de 1932, após o encerramento do conflito armado no estado de São Paulo, e tendo em vista a eleição constituinte de maio de 1933, vários grupos políticos se (re)organizaram. Foram contabilizados mais de 100 partidos em 1933 e cerca de 130 em 1934. Os valores registrados mostram claramente que houve um incremento das forças políticas competindo em praticamente todos os estados nos pleitos de 1933 e 1934, ainda que de forma tênue em alguns casos, como Rio Grande do Norte, Espírito Santo e Goiás (Ricci; Silva, 2019).

Gráfico 2.6 – Quantidade de partidos nas eleições entre 1899 e 1934 (Brasil)

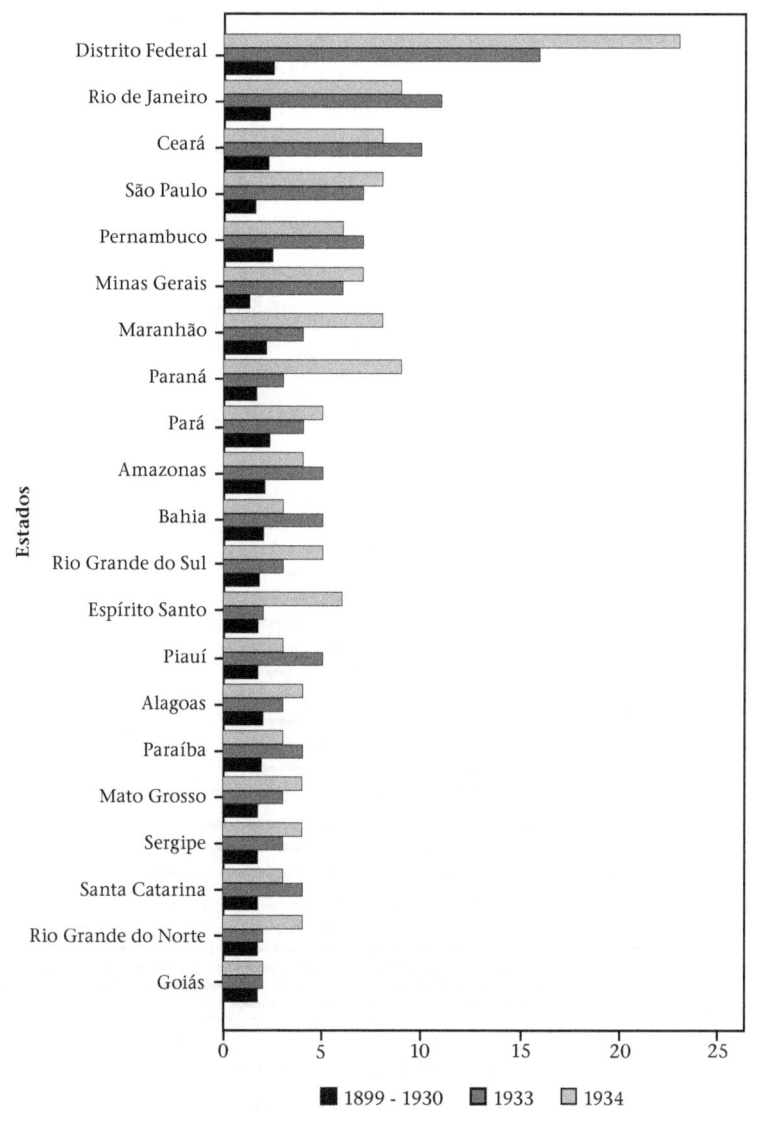

■ 1899 - 1930   ■ 1933   □ 1934

Fonte: Elaborado com base em Ricci; Silva, 2019, p. 68.

Paolo Ricci

Um segundo efeito é visível se consideremos o resultado eleitoral. Durante a Primeira República, os pleitos eram disputados não apenas entre um número inferior de partidos, mas frequentemente os governistas derrotavam os desafiantes, resultando em bancadas unânimes. Em média, as bancadas eleitas em cada estado eram constituídas por deputados do mesmo partido em 86% das vezes (Ricci; Silva, 2019). O gráfico a seguir ilustra a mudança na distribuição das vagas comparando a eleição de 1933 (Constituinte) e de 1934 (para Câmara dos Deputados e Assembleias Constituintes estaduais), ambas processadas com o novo código, de 1932.

Gráfico 2.7 – Porcentagem de cadeiras obtidas pelos partidos por votação em 1933 e 1934 (Brasil)

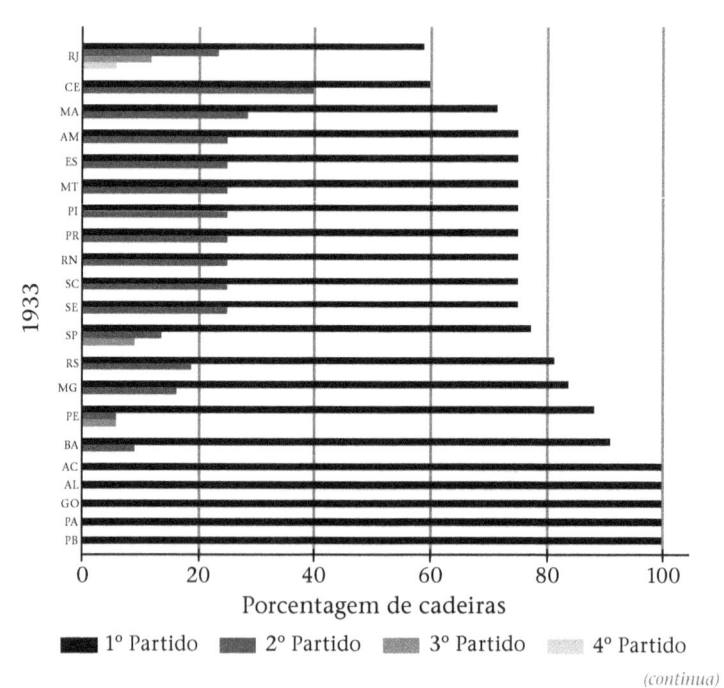

(continua)

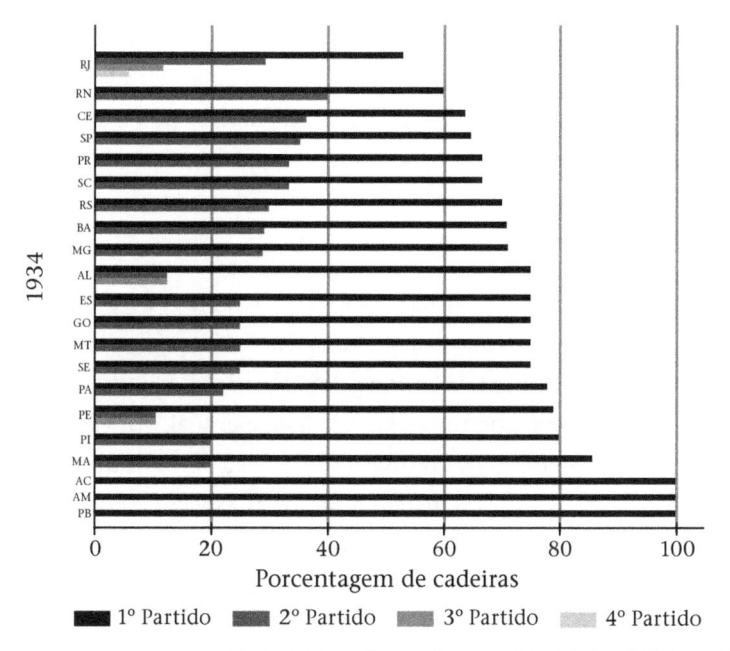

(Gráfico 2.7 – conclusão)

De acordo com os dados das eleições no nível estadual, das 42 observações realizadas nas duas disputas, em apenas 8 delas um partido conseguiu 100% das vagas. Chama-nos a atenção que, nos estados do Rio de Janeiro e do Ceará, por exemplo, nas duas eleições o partido com a maior porcentagem de deputados eleitos ficou em torno de 60%. Além disso, em alguns estados, houve um terceiro partido que conseguiu eleger candidatos. Isso aconteceu em seis eleições no nível estadual, sugerindo participação efetiva dos partidos de oposição. Trata-se de uma mudança notável em relação à Primeira República. O ponto é que, se os partidos dos interventores tendiam a ser bem-sucedidos, também as oposições conseguiam cadeiras na Câmara dos Deputados por causa da fórmula proporcional introduzida em 1932. Foi algo inédito na história política do Brasil: pela primeira vez, podíamos observar uma partilha das cadeiras, algo "inconcebível na Primeira República", nas palavras de Victor Nunes Leal (1997, p. 125).

Síntese

Neste segundo capítulo, introduzimos o debate sobre a transição do governo representativo para a democracia.

Quatro dimensões institucionais são relevantes para pensarmos essa passagem: sufrágio universal, fórmula eleitoral, voto secreto e normas em matérias de administração das eleições. Tais dimensões são institucionais, pois remetem a reformas específicas das regras eleitorais. O capítulo discutiu as duas primeiras, que, de certa forma, são duas dimensões "clássicas", no sentido de que a literatura costuma pensar nelas para tratar do processo de democratização.

Podemos dizer que, sem direitos políticos amplos e sem uma disputa política que contemple as oposições, a democracia não está garantida.

No próximo capítulo, trataremos das outras duas dimensões que devem ser consideradas para melhor entendermos o processo de democratização. Faremos o resgate de uma literatura menos conhecida e que relativiza a centralidade da expansão dos direitos políticos, para que possamos ver, em detalhe, como essa discussão pode auxiliar no entendimento das transformações da democracia representativa.

Questões para revisão

1. Existem diferentes noções de democracia. Compare as definições dos minimalistas e aquela apresentada por Robert Dah (1997).

2. Assinale a alternativa correta:
   a) A democracia é um conceito complexo, repleto de conotações normativas, e, portanto, não pode ser definida nem mensurada.
   b) As liberdades políticas são a dimensão principal de um regime democrático de acordo com a visão minimalista da democracia.
   c) A democracia, para Dahl, está fundamentada em três dimensões principais: contestação, liberalização e justiça eleitoral independente.
   d) Apesar das diferenças, as abordagens da democracia pressupõem a existência de algumas liberdades básicas, ou garantias, para que as eleições se processem de forma regular.
   e) Desde o início do século XIX, as eleições eram renhidas e representavam momentos de disputas entre partidos políticos.

3. Qual o efeito principal do sistema eleitoral proporcional identificado pela literatura?

4. Assinale a alternativa **incorreta**:
   a) O sufrágio é universal na quase totalidade dos países, incluindo regimes autoritários.
   b) Três fatores podem ser apontados como determinantes para a expansão dos direitos das mulheres: a presença de movimentos sufragistas; a capacidade de apresentar a luta como relevante; a capacidade dos movimentos de encontrar apoiadores entre as elites políticas conservadoras.
   c) Um efeito relevante da reforma eleitoral de 1932 é o aumento do número de partidos sem acesso das oposições

à Câmara, reproduzindo o padrão visto na Primeira República.
d) A mulher passou a ter o direito de voto e de ser eleita em 1932, mas a dependência do marido era manifesta, e as atribuições do homem na relação conjugal estavam expressamente previstas no Código Civil.
e) Comparativamente, o Brasil apresenta um padrão de extensão dos direitos políticos diferente daquele de outros países latino-americanos.

5. Indique se as alternativas a seguir são verdadeiras (V) ou falsas (F).
( ) O número de partidos nas eleições de 1933 e 1934 foi superior ao registrado na Primeira República.
( ) Um dos efeitos principais da proporcional foi a entrada das oposições no Congresso.
( ) O sistema eleitoral previsto pelo Código Eleitoral de 1932 era integralmente proporcional.
( ) Já no final dos anos 1950, em muitos estados, a quantidade de mulheres alistadas se aproximava ao número de homens.
( ) O sistema eleitoral da Primeira República era majoritário, e os distritos eleitorais elegiam um número de representantes maior que um.

Agora, assinale a alternativa que corresponde à sequência correta:
a) V, V, V, F, V.
b) V, V, F, V, V.
c) V, V, V, V, V.
d) V, F, F, V, V.
e) F, V, V, F, V.

Questão para reflexão

1. Existem muitos estudos que mensuram o grau de democracia de um país. Um dos mais populares nos últimos anos é o V-Dem. Entre no *site* oficial e tente "brincar" com a base de dados deles. Em particular, sugerimos a aba que constrói automaticamente os gráficos: <https://v-dem.net/data_analysis/VariableGraph/>.

Nessa página, selecione o Brasil e limite a análise para alguns indicadores, como aqueles referentes às liberdades (Academic Freedom Index, Election Free and Fair) ou às eleições (Electoral Democracy Index, Election Free and Fair). Na sequência, compare o Brasil com outros países de sua escolha.

Após o estudo dos gráficos, como você avaliaria a trajetória do Brasil ao longo do tempo em termos comparativos? Que avanços e retrocessos democráticos você ressaltaria em tempos recentes?

Paolo Ricci

Capítulo 3
Voto secreto e
administração
independente das eleições

Conteúdos do capítulo:

- Características do voto no século XIX.
- Voto secreto: definição e importância para garantir a liberdade do indivíduo.
- Eleições limpas como aspecto crucial do processo democrático.

Após o estudo deste capítulo, você será capaz de:

1. pensar a democracia a partir de dimensões institucionais que relativizam o contexto social do eleitor;
2. introduzir aspectos institucionais não centrais no debate, como as questões do voto secreto e das eleições limpas, para pensarmos a democracia;
3. ponderar qual caminho adotou o Brasil em comparação a outros países.

Voto secreto e eleições limpas. São essas as outras duas dimensões institucionais da democratização que serão discutidas neste capítulo. Por um lado, trata-se da liberdade de exercer o próprio direito de votar sem estar sujeito ao controle dos políticos e dos partidos. Algo natural se pensarmos em como nós votamos hoje em dia, mas uma situação atípica no século XIX, quando os eleitores expressavam suas preferências levantando a mão ou depositando as cédulas na seção eleitoral na frente de candidatos e fiscais de partido. Por outro lado, temos a anulação da influência da política sobre o processo eleitoral, como a interferência no resultado eleitoral, por exemplo, manipulando a contagem dos votos para favorecer um candidato, uma prática comum no século XIX.

A questão do voto secreto será introduzida após uma reflexão pontual sobre as formas de se votar no século XIX. Inicialmente, o voto era expressão de uma vontade coletiva, majoritariamente local e pública; esse ponto é crucial para não perdermos de vista o debate da época relativo às medidas pensadas pelos governantes para garantir o sigilo do voto.

O tema das eleições limpas continua sendo pouco explorado pela literatura, de modo que sua compreensão é ainda hoje incipiente, sobretudo da perspectiva histórica. Eleições limpas compreendem a ausência de qualquer interferência externa de cunho partidário nas fases do processo eleitoral, do alistamento até a contagem dos votos. Isso remete diretamente aos meios para se eliminar práticas eleitorais fraudulentas, adotando medidas protetivas, eventualmente punindo os infratores. Estudos sobre a adoção dessas medidas ainda carecem de preocupação comparativa, quando esta existe. Logo, sobre esse assunto, nosso foco recairá sobre um aspecto específico das inúmeras medidas adotadas para garantir eleições limpas: o controle do processo eleitoral por parte de uma autoridade independente, não sujeita às interferências políticas. Para ilustrar o ponto, traremos o caso brasileiro, que, em 1932, criou a Justiça Eleitoral com o objetivo público de eliminar as práticas fraudulentas.

(3.1)
O processo eleitoral no século XIX

Gostaríamos de introduzir o tema do voto secreto mediante três aspectos que sintetizam como o eleitor participava do processo eleitoral no século XIX. Naquela época, em todos os países, o voto era um ato político: 1) local, 2) coletivo e 3) público. Vejamos as três dimensões separadamente.

3.1.1 Voto local

Do ponto de vista do eleitor, no século XIX o voto era um ato local. O município representava o espaço físico em que ocorriam as eleições. O voto do eleitor não deve ser pensado, assim, como ação que tem por objetivo a escolha do governo, nem do primeiro-ministro, nem de um partido com ideais e valores definidos. O argumento se funda na observação de que, para grande parte da população politicamente ativa, o voto era uma questão local, restrita à comunidade em que se vivia.

Nesse contexto, o clientelismo era o modelo dominante segundo o qual se organizavam as relações entre eleitores e políticos. Em Portugal, o caciquismo imperava. O cacique local se encarregava de mobilizar os eleitores utilizando-se de algum mecanismo clientelístico, sem descartar a corrupção e a violência (Almeida, 1991). O ano de 1848 é um caso útil para ilustrar o ponto. A participação maciça dos eleitores era condicionada por padres, políticos e notáveis locais e professores de escolas, que induziam a escolha dos candidatos (Crook, 2015). Na Alemanha imperial, Anderson (2000) sustenta que, apesar da ideia de que a comunidade não fosse algo estável, frequentemente redefinida em virtude da religião, classe e partidos, seu fundamento era a *kulturkampf*, ou o sentido de solidariedade, base do voto na cidade. Para o Brasil da Primeira República, a literatura tem fartamente demonstrado a existência de vínculos e laços de confiança que ligavam coronéis e eleitores (Leal, 1997).

Em termos gerais, porém, não podemos associar o clientelismo à mera dependência do eleitor. Frank O'Gorman (1989) mostra que, antes da reforma eleitoral de 1832, a relação entre patrões e eleitores não era de dependência, mas de deferência, baseada na troca de benefícios, e não em uma relação servil e de humilhação. Em outros países europeus, uma historiografia mais recente tem mostrado que o controle sobre os eleitores se dava por mecanismos complexos e variados, por meio dos quais o eleitor barganhava seu voto. Sintomática dessa relação de deferência foi, na Itália, o transformismo, isto é, uma prática que garantia votos em troca de favores. O mesmo vale para o caso brasileiro. José Murilo de Carvalho (2003, p. 44), por exemplo, reconhece que "os votantes agiam com muita racionalidade ao usarem o voto como mercadoria e ao vendê-lo cada vez mais caro. Este era o sentido que podiam dar ao voto, era sua maneira de valorizá-lo".

Dessa literatura, queremos apenas destacar o alerta feito por Romanelli (1998), de que tais práticas são comumente vistas como formas de corrupção. A bem entender, como inúmeros estudos historiográficos têm mostrado, tratava-se de manifestações típicas do *modus operandi* das eleições do século XIX, e é dessa forma que devem ser pensadas.

3.1.2 Voto coletivo

Como os eleitores participavam das eleições? Victor Nunes Leal, em seu livro clássico, *Coronelismo, enxada e voto*, apresenta uma metáfora bastante conhecida que responde de forma lúcida e clara à inquietação exposta: "os chefes municipais e os 'coronéis', que conduzem magotes de eleitores como quem toca tropa de burros" (Leal, 1997, p. 63). Ou seja, o voto na época era um ato coletivo coordenado pelos partidos e pelos atores locais que agiam por conta deles. Isso emergiu com clareza em estudos recentes sobre as denúncias de irregularidade nas eleições republicanas (Ricci; Zulini, 2017). Desde o alistamento até o ato de depositar a cédula na urna, a prática no município era de mobilização em grupo dos votantes, os quais eram levados, instruídos, organizados por atores locais. O voto como ato político coletivo é uma imagem onipresente nos relatos dos políticos. As formalidades eleitorais se abriam e fechavam, perpetuando-se em uma relação entre voto e eleitor que exaltava o caráter comunitário da participação política, na qual a figura do coronel se constituía como elo central nesse processo. Vários estudos no Brasil têm apontado a complexidade das relações que garantiam o sucesso eleitoral dos candidatos do governo, baseado em uma rede de relações interpessoais na qual imperava a troca de favores e benefícios pessoais (Queiroz, 1997).

O caso brasileiro não é destoante de outras realidades. Para a América Latina, Hilda Sabato (2018) afirma que a participação nas eleições deve ser vista como um ato coletivo e público, nunca propriamente individual, definido por uma complexa rede de relações entre o político e sua clientela. O argumento não se restringe aos países latino-americanos. Para o caso inglês, O'Gorman (1989, p. 18, tradução nossa) relata que o apoio ao político vinha de baixo, "com eleitores (muitas vezes também com apoios dos que eram excluídos do voto) agindo como um corpo coletivo, e não como um número de indivíduos trocando recursos coletivos no mercado político".

Grande parte dos estudiosos tem explicado essas formas de participação coletiva dando ênfase aos condicionantes socioeconômicos, como a pobreza e o contexto rural. Entretanto, o voto coletivo encontrava respaldo na própria legislação eleitoral. O ponto é importante porque introduz uma variável – isto é, as regras eleitorais – como fator explicativo do comportamento eleitoral. Basta pensarmos nos requisitos para o alistamento eleitoral. A Lei n. 35, de 26 de janeiro de 1892 (Brasil, 1892), autorizava a inclusão do requerente nas listas eleitorais da seção onde tivesse domicílio, exigindo as informações pessoais do alistando (como idade, residência e profissão), além de provar a alfabetização e a maioridade civil. Eram muitos documentos que nem sempre podiam ser tirados rapidamente por parte do eleitor. Quem se incumbia de organizar a documentação eram os próprios candidatos, que frequentemente organizavam reuniões públicas para, no mesmo dia, alistar o maior número de pessoas.

3.1.3 Voto público

Em vários países da Europa, da América Latina e nos Estados Unidos, os eleitores eram constantemente pressionados e intimidados pelos políticos, em particular no dia da eleição. Quando havia uma disputa acirrada entre os candidatos, o suborno era prática comum, assim como fornecer benesses em espécie, por exemplo, álcool, comida, pagamentos indiretos e acordos de emprego (Sabato, 2018; Keyssar, 2014).

Todas essas práticas se explicam pela forma como se praticava o voto. Ou seja, o voto, na época, era um ato público. Em suas origens, votar implicava se manifestar publicamente em favor de um candidato.

Portanto, as intimidações e as pressões, assim como o suborno, tornaram-se práticas comuns entre os partidos na disputa eleitoral, tendo em vista a possibilidade real de os políticos monitorarem o eleitor até o momento em que depositasse a cédula eleitoral na urna.

O Brasil não era tão diferente dos demais países. Durante a Primeira República, vários mecanismos previstos na lei eleitoral davam publicidade ao memento eleitoral. A atenção aos detalhes da legislação é crucial para clarear a dinâmica do voto nessa época. Isso significa que o controle sobre o voto do eleitor deriva da norma, funda-se nas práticas normativas explícitas e não se prende unicamente ao contexto social em que vive o eleitor, geralmente associado ao atraso social e econômico de quem vota. Vejamos alguns mecanismos previstos na legislação.

A Lei Rosa e Silva – Lei n. 1.269, de 15 de novembro de 1904 – introduziu o voto a descoberto (art. 57). Por esse sistema, o eleitor tinha duas cédulas, "uma das quais será depositada na urna e a outra ficará em seu poder, depois de datadas e rubricadas ambas pelos mesários" (Brasil, 1996). Esse sistema sofreu certas limitações em 1916, quando a nova legislação previu a adoção do voto a descoberto apenas na situação extrema de não ser possível a ocorrência da eleição na seção eleitoral. Nesse caso, o impedimento de votar possibilitava aos eleitores apresentar uma petição na seção eleitoral mais próxima, fazendo declarações de votos aos respectivos candidatos. O voto a descoberto era imposto pelos fiscais do partido, constrangendo o eleitor. Era uma medida que favorecia o controle sobre o eleitor, já que a cédula que ficava com ele lhe servia como prova "perante os mandões locais, do modo de votar" (Brasil, 1921, p. 194).

Outro aspecto que revela o constrangimento público do eleitor remete ao momento do voto, dentro da seção eleitoral. Nela, o eleitor tinha de esperar a ordem de chamada para poder votar, feita por um mesário, que seguia a lista registrada no livro do alistamento eleitoral. O eleitor, após a chamada, exibia seu título e, antes de depositar o voto na urna – esta sim, sigilosa e fechada –, assinava um livro de presença perante o presidente da comissão municipal. Aqui há um detalhe risonho da legislação que merece ser mencionado: a Lei n. 35/1892 determinava que, caso o eleitor não pudesse assinar, ou não soubesse escrever, outra pessoa faria isso a seu rogo (art. 43, § 9°, nota 40). A discrepância com a norma que excluía os analfabetos do voto (art. 1°, § 3°) mostra a flexibilidade da ideia de eleitor que se tinha nos primórdios republicanos. Foi a Lei n. 1.269/1904 que veio a corrigir essa possibilidade, vetando a assinatura feita por outra pessoa (art. 74, § 5°). Vários relatos revelam que o voto era um ato demorado, considerando-se a chamada, a exibição e o exame do título, o lançamento da cédula na urna e a assinatura de duas listas no livro. O voto, portanto, não era apenas um processo demorado, mas manifestamente público.

Devemos também ponderar a organização do espaço físico em que ocorria a votação. Um recinto (ou *gradil*, como se denominava na época) separava a mesa eleitoral do resto da sala, favorecendo a fiscalização de todo o processo eleitoral pelos presentes. Os dispositivos legais permitiam que algumas pessoas pudessem estar além do gradil, perto da mesa e da urna eleitoral. Em particular, a Lei n. 35/1892 permitia que os fiscais dos candidatos ficassem dentro do recinto e perto dos mesários (art. 43, § 5°), possibilitando a concreta e efetiva ação de fiscalizar a eleição por meio de agentes que trabalhavam pelos candidatos. Eis o ponto que merece destaque: a possibilidade concreta e efetiva de fiscalizar os eleitores por meio de agentes que trabalhavam pelos candidatos. É claro que uma das principais funções do fiscal era controlar que o eleitor votasse conforme o estabelecido, de forma disciplinada.

Paolo Ricci

Em resumo, sobre os três aspectos abordados, podemos dizer que a participação política no século XIX deve ser entendida à luz das características do voto – local, coletivo e público. As interpretações que avaliam como tais características mudam são variadas. A principal remete às mudanças dos fenômenos que afetam as relações sociais, como a modernização e a industrialização. Em texto seminal sobre o caso inglês, por exemplo, alguns autores têm explicado a aprovação de uma legislação antissuborno no século XIX como produto da industrialização, que havia tornado a compra de votos um processo relativamente caro e ineficaz em comparação ao uso de apelos mais programáticos (Stokes et al., 2013).

Entretanto, a industrialização e a urbanização são macrofenômenos cujos impactos e efeitos causais são difíceis de serem observados. Anos atrás, o politólogo Stein Rokkan (1970) alertava sobre a importância de considerar outros fatores institucionais como determinantes da democratização para além da universalização do voto. Em suas palavras, "a eleição para se qualificar como democrática tinha que ser não apenas universal e igualitária, mas também secreta" (Rokkan, 1970, p. 10, tradução nossa). Por isso, na próxima seção, focaremos na mudança nas regras que impactou diretamente o voto coletivo e o público, diminuindo sua relevância. Estamos nos referindo à introdução dos mecanismos de garantia da independência do cidadão na hora de depositar a cédula na urna: o voto secreto. A questão, portanto, é entender como se passa de um **voto coletivo** para um **voto individual**, entendendo este último como o direito de o eleitor expressar suas preferências eleitorais sem interferência externa.

(3.2)
O VOTO SECRETO

Antes de qualquer coisa, é necessário esclarecer o que entendemos por *voto secreto*. A questão conceitual é importante, pois nos permite questionar o entendimento de que, no Brasil, a introdução do voto secreto se deve ao Código Eleitoral de 1932 – por meio do Decreto n. 21.076, de 24 de fevereiro de 1932 (Brasil, 1932).

De acordo com a literatura, o voto secreto foi adotado inicialmente na Austrália, em 1856 (e por isso é conhecido como *Australian ballot*), e se caracteriza por (Ricci, 2022):

- adoção de cédulas eleitorais oficiais, isto é, impressas e distribuídas pelo Poder Público;
- distribuição de cédulas aos eleitores no dia da eleição, no lugar de votação;
- inclusão dos nomes dos candidatos/partidos nas cédulas oficiais (possibilitando a livre escolha);
- garantia de segredo no ato do voto, votando em lugar privado, fora do alcance de outras pessoas.

As duas primeiras medidas visam à diminuição do poder de manobra dos partidos sobre os eleitores. A proibição aos partidos de fabricar suas próprias cédulas – estampando-as em formatos e cores diferentes – e de distribuí-las conforme acharem melhor – por exemplo, na boca de urna, antes de o eleitor entrar na seção eleitoral – têm como consequência principal a perda de controle sobre o momento em que o eleitor deposita a cédula na urna. Na Alemanha, os eleitores recebiam as cédulas dentro da seção eleitoral, pouco antes de votar, e o voto com cédulas de tamanho ou cores diferentes facilitava o monitoramento por parte dos candidatos e mandatários (Mares, 2015).

Nos Estados Unidos, as leis eleitorais estaduais normalmente especificavam as dimensões e a espessura do papel e o tamanho do tipo a ser usado, mas os partidos eram encarregados de preparar as cédulas, resultando em várias formas e estilos de votação, o que aumentava potencialmente o controle sobre os eleitores (Keyssar, 2014).

Assim, adotar alguma medida de proteção ao eleitor foi fundamental para anular o caráter público e coletivo do voto. Vejamos como o caso brasileiro deve ser enquadrado. É costumeiro afirmar que o Código Eleitoral outorgado pelo Governo Provisório em 1932 trouxe o voto secreto, mas o *Australian ballot* foi adotado apenas parcialmente. Duas garantias formais em defesa do voto secreto foram de fato introduzidas: a sobrecarta oficial e um lugar privado para votar. Vejamos os artigos do Código Eleitoral:

> Art. 57. Resguarda o sigilo do voto um dos processos mencionados abaixo.
>
> I – Consta o primeiro das seguintes providências:
>
> 1) uso de sobrecartas oficiais, uniformes, opacas, numeradas de 1 a 9 em séries, pelo presidente, à medida que são entregues aos eleitores;
>
> 2) isolamento do eleitor em gabinete indevassável, para o só efeito de introduzir a cédula de sua escolha na sobrecarta e, em seguida, fechá-la;
>
> 3) verificação da identidade da sobrecarta, a vista do número e rubricas;
>
> 4) emprego de uma suficientemente ampla para que se não acumulem as sobrecartas na ordem em que são recebidas.
>
> II – Consta o segundo das seguintes providências:
>
> 1) registro obrigatório dos candidatos, até 5 dias antes da eleição;
>
> 2) uso das máquinas de votar, regulado oportunamente pelo Tribunal Superior, de acordo com o regime deste Código.

Pelo artigo citado, podemos afirmar que o voto secreto ficou restrito a dois aspectos delimitados do *Australian ballot* (Ricci, 2022; Schlegel; Nóbrega, 2019). Para manter o sigilo do voto, o presidente da seção ficava encarregado de numerar as sobrecartas oficiais, uniformes e opacas, de 1 a 9, e rubricá-las. A uniformidade das sobrecartas e a textura opaca delas eliminaria qualquer distinção, impossibilitando associá-las a um partido ou a um candidato. O eleitor deveria, então, pegar uma sobrecarta diretamente das mãos do presidente da seção, entrar em um lugar privado (denominado *gabinete indevassável*), de dimensões fixadas em lei, para simplesmente depositar a sua cédula na sobrecarta no prazo máximo de um minuto. Quando saísse do gabinete, o eleitor teria de mostrar ao presidente da seção a sobrecarta para que ele conferisse numeração e rubrica e, sucessivamente, a inserisse na urna.

Portanto, o *Autralian ballot* era incompleto, porque ficou mantida a prática da impressão e distribuição das cédulas pelos partidos. De fato, o procedimento II do art. 57 apenas mencionava a obrigatoriedade da inscrição dos candidatos até pelo menos cinco dias antes do pleito e não fixava nenhuma norma quanto à confecção das cédulas eleitorais com a lista impressa dos candidatos. Isso foi alcançado apenas com a Lei n. 2.582, de 30 de agosto de 1955, que introduziu um modelo de cédula oficial para a eleição presidencial, uma medida amplamente defendida pela União Democrática Nacional (UDN) e que acabou sendo endossada pelo Partido Social Democrático (PSD) apenas quando se garantiu que a preparação e a distribuição das cédulas não fossem manipuladas em favor do candidato da UDN (Limongi, 2015). Logo, podemos afirmar que a história do voto secreto no Brasil se caracteriza por reformas incrementais, adotadas em regimes e contextos políticos.

Quanto ao impacto dessas reformas, os estudiosos têm mostrado que elas não foram automaticamente implementadas ou levaram a novas formas de controle e intimidação do eleitor. No Reino Unido, por exemplo, a reforma de 1872 (*Ballot Act 1872*) tornou obrigatória a publicação dos gastos dos candidatos e fixava um teto para as campanhas políticas. De fato, isso teve efeitos significativos para diminuir a intimidação, mas não para evitar o suborno (O'Leary, 1962), necessitando de nova legislação em 1883 (*Corrupt and Illegal Practices Prevention Act 1883*), a qual criminalizava as tentativas de suborno de eleitores, além de padronizar o valor que poderia ser gasto em despesas eleitorais. Nos Estados Unidos, a previsão do voto secreto induziu outras práticas fraudulentas. Como Cox e Kousser (1981) mostram para o caso de Nova Iorque, mudou-se o modo de comprar o voto, mas essa prática não foi eliminada. Uma delas foi a *negative vote buying*, isto é, pagar as pessoas para se abster e não votar no dia da eleição.

No Brasil, a introdução do gabinete indevassável, em 1932, não podia garantir muito, considerando-se a manutenção do monopólio dos partidos na distribuição das cédulas eleitorais. Na véspera do pleito de 1933 – o primeiro após a outorga do Código Eleitoral –, pairava certa dúvida a respeito da eficácia da norma que garantia o segredo do voto. Entretanto, nos dias seguintes, havia desde relatos otimistas anunciando que o voto secreto tinha produzido ótimos resultados até notas frisando que o segredo na urna é "conversa fiada" (Schlegel; Nóbrega, 2019). As notícias publicadas nos jornais reportavam os diversos estratagemas colocados em prática pelos políticos para fiscalizar o eleitor no ato do voto. Denunciava-se o uso de cédulas feitas em cartolinas, de espessura maior, de modo a facilitar o reconhecimento do conteúdo do voto depositado na urna. Também se apontava o formato das cédulas e o tipo de impressão diferente dos recomendados nas instruções eleitorais, de efeito correlato. Na mesma linha, figuravam os registros de que políticos teriam usado sobrecartas transparentes para poder ver o tipo de cédula por dentro.

Pesquisas recentes têm mostrado que as denúncias de violações do voto cometidas durante o pleito de 1933 foram significativas (Ricci, 2022; Schlegel; Nóbrega, 2019). Cerca de 39% das denúncias apresentadas ao TSE remetiam a alguma suposta violação do sigilo do voto. Nesse caso, emergem todas as artimanhas para a identificação das sobrecartas e a consequente associação da cédula depositada com o eleitor que a preencheu, em plena consonância com o retrato negativo exposto em parte dos jornais da época.

A questão, porém, pode ser vista de uma perspectiva de longo prazo. Apesar das dificuldades na implementação, pelo menos iniciais, as regras que visavam tutelar o segredo no ato do voto aumentaram os custos do monitoramento dos eleitores por parte de candidatos e partidos, favorecendo, em última instância, a transição para um voto coletivo.

(3.3)
Eleições limpas

A última dimensão institucional discutida neste livro considera o conjunto de medidas introduzidas para eliminar a fraude eleitoral. Diferentemente das três dimensões até agora analisadas, esse aspecto carece de estudos empíricos no Brasil tanto quanto mundo afora. Para entendermos a questão, devemos, em primeiro lugar, esclarecer a noção de fraude. O caso brasileiro, mais uma vez, é exemplificativo a esse respeito.

Em geral, o retrato comumente esboçado dos pleitos do Império e da Primeira República recai em uma descrição falaciosa e superficial das práticas dominantes na época: violência, intimidação, suborno, manipulação dos resultados eleitorais (Porto, 2004; Kinzo, 1980). A prática da fraude é unicamente associada à ideia de desvirtuamento da verdade eleitoral. Isso gera a sensação de que as eleições eram uma farsa. Generalizada, na prática a fraude tornaria mero formalismo a manutenção de escrutínios regulares para todos os níveis de governo durante o regime (Porto, 2004; Carvalho, 2003; Leal, 1997). Fraudados e fictícios, os procedimentos eleitorais permitiriam a sistemática exclusão de oposições no cenário decisório do período, asseverando o congelamento da competição política no país (Lessa, 1999).

Como ir além desse quadro? Como repensar a fraude e suas diferentes formas de se manifestar? Para tanto, devemos esclarecer o que se entende por *fraude eleitoral*. Há diferentes definições, e uma delas é a que concebe a fraude como qualquer ato que altera os resultados do voto e viola a lei (Lehoucq; Molina, 2002). Isso inclui violações de procedimentos eleitorais, do alistamento até a contagem dos votos (por exemplo, alistamento fraudulento, ausência de assinaturas nos livros eleitorais, contagem parcial dos votos), como também acusação de violência (por exemplo, uso da polícia para intimidar o eleitor e o impedimento de votar). É uma versão legalista da fraude eleitoral que exclui o clientelismo e a patronagem, cuja forma mais conhecida era a troca de trabalho público por votos. O uso maciço do clientelismo nessa época está amplamente documentado em vários países (Posada-Carbó, 2000) e no Brasil (Carvalho, 2003). Tratava-se de uma relação de reciprocidade difusa em âmbitos não eleitorais que transbordava para o momento eleitoral, seja por apelos emocionais ou pela dívida moral. Já a patronagem se constitui em uma relação por meio da qual "se torna possível o acesso a bens, recursos, serviços e mesmo posições sociais que, de outra forma, não poderiam ser obtidos" (Grynszpan, 1990, [n.p.]). Como bem lembrou Antonio Annino (2004, p. 52, tradução nossa), "foi considerado como parte da ordem 'natural' das coisas, e se considerado 'corrupto', qualquer intenção de modificar esta ordem".

Clareado o conceito de fraude, a pergunta passa a ser: Por que fraudar? Por que os políticos cometem atos ilícitos durante o processo eleitoral? Para muitos estudiosos, existiria uma relação causal entre competição política e fraude, esta última sendo o produto da disputa local entre as facções políticas pelo controle dos eleitores (Ziblatt, 2009; Lehoucq; Molina, 2002). Essa abordagem é útil, pois nos permite analisar os pleitos a partir de práticas que seriam vistas como fenômenos patológicos. Ou seja, a fraude, na época, era uma forma de disputar os pleitos e tinha por objetivo o exercício do monopólio sobre as diferentes fases eleitorais.

A questão pode ser melhor entendida considerando como se processavam as eleições. Se as eleições legitimavam o poder, ao mesmo tempo traziam consigo certa dose de instabilidade. Como diminuir essa margem de incerteza? Para os políticos, a melhor resposta era deter o controle e o monopólio das várias fases eleitorais, isto é, por meio da burocracia eleitoral. Essa dinâmica foi eficazmente sintetizada na feliz expressão de *gobierno elector* elaborada anos atrás por Botana (1977) tratando do caso argentino. A expressão revela a imagem de um controle burocrático-administrativo do processo eleitoral garantido por uma rede de atores, em sua maioria com funções públicas, que atuava em diferentes níveis, do alistamento até a fase da diplomação dos deputados. Como apontou Zimmerman (2009) para o caso argentino, a fraude seria uma forma de fazer política. Em definitivo, o argumento é que a busca pelo controle da máquina administrativo-eleitoral, entendida aqui como a estrutura organizacional necessária à realização dos escrutínios segundo as prescrições legais da época, era a melhor forma para garantir o sucesso eleitoral, já que diminuía a incerteza inerente à disputa política (Ricci; Zulini, 2014).

O problema, portanto, torna-se meramente empírico. Trata-se de entender como se dava o controle da burocracia eleitoral, se havia variações entre os países, quais mecanismos eram mais adotados pelas forças políticas. Estudos recentes sobre o Brasil aproximam nossas experiências dos demais países latino-americanos (Ricci; Zulini, 2016), ressaltando a centralidade da fraude nas fases iniciais do processo eleitoral, do alistamento até a constituição das mesas eleitorais e a contagem dos votos na seção eleitoral. Sabemos que o controle sobre as várias fases eleitorais era também comum na América Latina, mas variava. Na Alemanha imperial, o problema maior era a intimidação do eleitor, em particular por parte de latifundiários e padres (Anderson, 2000). Já na Inglaterra, a corrupção eleitoral era identificada pelo suborno (Kam, 2016), e na Itália da primeira década do século XX, o poder da administração governamental, centrado na figura do *prefetto* – representante do governo nacional no território que acumulava funções político-administrativas e era dependente do Ministério do Interior – constituía elemento suficiente para, como se dizia na época, "fazer a eleição" (Cammarano, 1999).

Com o tempo, várias medidas foram tomadas para reduzir as fraudes. Por quê? Para fins analíticos, é interessante analisarmos o caso brasileiro. O Código Eleitoral de 1932 criou a Justiça Eleitoral. Na época, esse órgão foi exaltado como medida de resgate da verdade eleitoral. Santos (1937) afirma que toda a vida republicana e mesmo a última fase da monarquia serviram de pressuposto ao código de 1932. Segundo o autor, foram os vícios em evidência pela prática das antigas leis, a falsificação das eleições, o sentido antidemocrático das campanhas políticas e a angústia das minorias sufocadas que contribuíram e prepararam o terreno para uma reforma profunda do processo eleitoral, consagrada com a elaboração do código de 1932. As críticas ao *modus operandi* das eleições republicanas eram, de fato, uma constante entre intelectuais e opinião pública; constavam, inclusive, no próprio manifesto da Aliança Liberal durante a campanha eleitoral de 1930. O tempo não parece ter diminuído o valor dessa interpretação. Sadek (2010) afirma que a Justiça Eleitoral teria nascido da necessidade imprescindível, nos termos da autora, de afastar o Executivo e o Legislativo da administração e do controle do processo eleitoral para torná-lo mais limpo.

Tais considerações permanecem fortemente ancoradas no campo das ideias. Entretanto, não é possível comprar de antemão a bandeira da revolução de 1930, genericamente identificada pela tese da moralização dos pleitos, como elemento explicativo das reformas, sem considerar os interesses dos atores políticos. Uma abordagem alternativa foi apresentada por Lehoucq (2002), a qual interpreta a delegação de competências em matéria eleitoral a órgãos independentes como uma tentativa de eliminar a influência partidária sobre o controle das eleições, para reduzir a instabilidade política no país. Como o insucesso eleitoral frequentemente resultava em guerra civil e revoluções, a melhor solução para pacificar a disputa era delegar à Justiça Eleitoral o próprio contencioso eleitoral.

Esse argumento tem o problema de não explicar a existência de casos que não delegam ao Judiciário o julgamento dos pleitos, como na maioria dos países europeus. Podemos elaborar a hipótese de que, nos países em que a fraude era mais concentrada na violação do direito de livre expressão do voto, portanto, a burocracia eleitoral era pouco ou nada sujeita a interferências externas, o legislador acabou por adotar uma série de medidas que tutelavam a liberdade do eleitor, e a principal delas foi a introdução do voto secreto. Esse foi o caso da Alemanha imperial e da Inglaterra, onde a intimidação e o suborno imperavam (Mares, 2015). Quanto à América Latina, como a fraude remetia à disputa pelo controle da burocracia eleitoral, a melhor solução era adotar medidas que reduzissem a interferência dos partidos e dos políticos na burocracia eleitoral. Assim, a invenção de um órgão independente vinculado à magistratura permitiria alcançar esse fim.

Paolo Ricci

Alguns autores (Hartlyn; McCoy; Mustillo, 2008) mostram, por exemplo, que eleições livres e competitivas estão associadas, na América Latina, à presença de cortes eleitorais livres da influência partidária. Para Pastor (1999), a criação de tais órgãos é central para garantir que o processo de democratização de um país tenha êxito. Portanto, conforme Lehoucq (2002), a invenção da Justiça Eleitoral em 1932 pode ser interpretada como uma ação necessária à limitação do poder de controle dos políticos sobre o processo eleitoral. Afinal, a derrota na eleição de 1930 preparou o terreno para a insurreição daquele ano, e evitar conflitos sobre os resultados eleitorais era fundamental para evitar a guerra civil.

Esse argumento, porém, deve ser visto à luz das novas práticas eleitorais. É verdade que a criação de um órgão independente implica perda do poder de influência também por parte dos governistas (os revolucionários). No entanto, podemos afirmar que os políticos estavam dispostos a ceder completamente o poder de controle do processo eleitoral? Faltam estudos consistentes sobre as eleições dos anos 1930, mas é possível antecipar algumas considerações com base em estudos mais recentes. Conforme Ricci (2019) e Schlegel e Nóbrega (2019), as práticas fraudulentas que visavam controlar os procedimentos eleitorais continuaram nas eleições dos anos 1930. A análise conduzida por esses autores, baseadas nos protestos oficiais na Justiça Eleitoral, assim como nas denúncias nos jornais, revela uma condução problemática das eleições pelas mesas receptoras de votos, abrangendo irregularidades na sua composição, frequentemente em desacordo com o previsto em lei. De acordo com o art. 65 do código de 1932, as mesas eleitorais eram nomeadas pelo tribunal regional e deveriam ser presididas por um eleitor, de preferência: magistrado, membro do Ministério Público, professor, diplomado em profissão liberal, serventuário de justiça formado em Direito ou contribuinte de imposto direto. Estava vedada a presidência das mesas eleitorais a funcionário demissível *ad nutum*, bem como a membros da magistratura eleitoral. Entretanto, o TSE da época abriu margem para a interferência local nas eleições quando julgou válidas as eleições realizadas em mesas receptoras presididas por prefeito municipal, juiz de paz e respectivo suplente. Vale lembrarmos que, na época, os prefeitos eram nomeados pelo interventor, e estes tinham autonomia para fazer substituições caso os nomeados se desviassem da orientação política desejável. Pela lógica, interventores mantinham com facilidade o controle sobre a política local e, na extensão, sobre os resultados eleitorais.

A criação da Justiça Eleitoral não deve ser automaticamente associada à autonomia da instituição nem à ausência de influências externas. Pelo menos nos anos iniciais de sua criação, sabemos que isso não era a regra. Esse é o caso da Corte Nacional Electoral (CNE), na Bolívia (Ballivián, 2009). No caso do Chile, ainda que tenha inovado em 1925 ao criar a Corte Electoral, é verdade que apenas em 1942 adquiriu estrutura e organização desvinculadas dos partidos. Resta a importância da medida: a presença de um órgão que administra as eleições torna mais custosas as tentativas de controlar o processo eleitoral.

Síntese

A análise feita neste terceiro capítulo e no capítulo anterior tende a colocar em posição secundária o contexto social do eleitor, focando na representação política por meio de quatro dimensões institucionais: sufrágio universal, voto secreto, sistema eleitoral proporcional e garantias de eleições limpas.

A ênfase nas regras é importante, já que incentiva a sair de uma visão enraizada na literatura segundo a qual "parece evidente que a decomposição do 'coronelismo' só será completa quando se tiver operado uma alteração fundamental em nossa estrutura agrária" (Leal, 1997, p. 126). Enfatizando a centralidade das regras eleitorais, podemos sugerir um caminho alternativo para pensarmos a modernização do voto. Ou seja, mais do que esperar por mudanças nas condições socioeconômicas dos eleitores, as reformas eleitorais constituem o elemento propulsor da democratização. O propósito é claro: reduzir o peso das explicações sobre o caráter social do eleitor e introduzir o tema das formas legais, previstas na lei eleitoral, que transformam o governo representativo e o tornam democrático.

Grande parte dos estudiosos tem enfrentado a questão do voto sob a ótica dos direitos políticos. Vimos, no primeiro capítulo, que o caminho para a aquisição do direito ao voto não foi linear, mas sujeito a variações e mudanças no tempo, que configuraram uma escolha deliberada das elites. Em muitos países, o sufrágio universal masculino já estava garantido no século XIX, mesmo que a democracia não estivesse em discussão. Por exemplo, a América Latina foi inicialmente mais inclusiva quanto a quem podia votar do que os países europeus. Entretanto, já nos anos 1830, várias leis foram adotadas para introduzir medidas que limitavam a participação popular. A experiência dos primeiros pleitos havia demonstrado que uma participação ampla aumentava o custo da manutenção da ordem política em regiões com altos níveis de competição política (Sabato, 2018). Disputas acirradas frequentemente levavam a conflitos políticos sangrentos, instabilidade política e gastos enormes por parte dos políticos para tentar "fazer a eleição". Desse ângulo, estudiosos contemporâneos relativizam a importância do sufrágio universal como dimensão central (e única, para alguns deles) para entender as transformações do governo representativo. O ponto é que uma participação ampla não elimina o problema relativo à forma de se votar, em particular ao aspecto da fraude e da manipulação do voto, práticas comuns no século XIX. Ou seja, a participação política ampliada às massas não pode estar dissociada da garantia de um voto livre, em que o cidadão expressa suas preferências por candidatos e partidos.

Portanto, podemos argumentar que o sufrágio universal não deveria ser tão central para pensarmos a democratização. Evidentemente, a representação política moderna não pode deixar de encontrar expressão no princípio eletivo amplo, segundo o qual os representados são a população adulta de ambos os sexos. Entretanto, como também vimos no primeiro capítulo, em vários países, em particular na América Latina, já no início do governo representativo a participação era ampla. Ainda que houvesse restrições, os políticos adotavam formas de burlar as normas para alistar analfabetos, como no Brasil.

Em síntese, mais do que expansão do sufrágio, a questão central é entender como o eleitor participa do processo eleitoral livre de condicionantes externos e como seu voto é respeitado, isto é, contabilizado corretamente.

À guisa de conclusão, destacamos as principais consequências apontadas pelos estudiosos com base nessas quatro dimensões analisadas.

Quadro 3.1 – Dimensões da democratização e efeitos esperados

Dimensões da democratização	Efeitos principais
Sufrágio Universal	Aumento da volatilidade partidária, enfraquecendo as bases eleitorais dos partidos tradicionais. Fortalecimento de partidos socialistas com bases eleitorais nos centros urbanos e classes trabalhadoras. Aumento de demandas por gastos sociais, em particular com educação, saúde e habitação.
Sistema eleitoral (adoção da proporcional)	Representação mais ampla de partidos no parlamento. Fragmentação partidária e governos de coalizão. Aumento dos custos de tomada de decisão durante o processo legislativo. Aumento dos gastos do governo.
Voto secreto	Diminuição do suborno e da intimidação eleitoral, mas com outras medidas para influenciar o voto. Aumento dos votos nulos e inválidos, sobretudo quando o eleitorado é composto por iletrados.
Eleições limpas (mecanismos de redução da fraude)	Favorecimento da competição política, assegurando a credibilidade das eleições. Redução da chance de a competição política resultar em conflito, violência e contestação das eleições por parte dos derrotados. Diminuição de práticas fraudulentas no longo prazo.

Não cabe discutirmos, neste livro, cada um dos efeitos descritos no quadro. Eles remetem a questões de governança, de políticas públicas e de relação entre os poderes, sobretudo nas relações entre Executivo e Legislativo. O que gostaríamos de enfatizar é que as quatro dimensões constituem mecanismos institucionais cruciais para entendermos a transição para uma democracia representativa fortemente enraizada na atuação dos partidos políticos. Não é por acaso que os estudiosos reconhecem que o século XX é o século da democracia de partido. Esse é o formato da representação a ser discutido no próximo capítulo.

Questões para revisão

1. Quais as três características do voto no século XIX, antes da introdução das medidas que protegem os eleitores de interferências externas?

2. O Código Eleitoral de 1932 trouxe algumas medidas para garantir o segredo do voto. Assinale a alternativa que relaciona algumas dessas medidas:
    a) A cédula eleitoral e a cabine indevassável.
    b) A cédula eleitoral, a urna eleitoral ampla o suficiente para conter de forma espalhada as cédulas eleitorais e a cabine indevassável.
    c) A cabine indevassável, a cédula eleitoral e as sobrecartas opacas.
    d) A Justiça Eleitoral, para garantir que a contagem dos votos fosse realizada de forma imparcial.
    e) Nenhuma das alternativas anteriores está correta.

3. As fraudes eram comuns nas eleições do século XIX. Pode-se argumentar que a prática da compra de votos e, mais em geral, o clientelismo seriam práticas fraudulentas para manipular o resultado final? Por quê?

4. Sobre a a importância da Justiça Eleitoral para a garantia de eleições limpas, assinale a alternativa **incorreta**:
    a) Eleições livres e competitivas estão associadas, na América Latina, à presença de cortes eleitorais livres da influência partidária.
    b) Eleições limpas reduzem as chances de conflito, violência e contestação dos resultados.

Paolo Ricci

c) A Justiça Eleitoral elimina a interferência política nas fases eleitorais.
d) A Justiça Eleitoral retira do processo eleitoral – do alistamento até a contagem dos votos – qualquer interferência exercida por candidatos/partidos.
e) Nenhuma das alternativas anteriores está correta.

5. Indique se as afirmações a seguir são verdadeiras (V) ou falsas (F).
   ( ) O clientelismo e a fraude eleitoral são fenômenos similares que representam uma forma de desvio das boas práticas eleitorais.
   ( ) A expressão *gobierno elector* indica uma forma de se fazer as eleições na qual o governo controla as fases do processo eleitoral.
   ( ) Por ser um ato público, o voto no século XIX era mais uma expressão de força política dos partidos e menos um ato de escolha individual.
   ( ) As três características do voto no século XIX são: voto individual, voto público e voto local.
   ( ) A Justiça Eleitoral no Brasil foi, desde o começo, uma instituição que operou sem interferências político-partidárias.

   Agora, assinale a alternativa que corresponde à sequência correta:

   a) F, V, V, F, F.
   b) F, V, V, F, V.
   c) F, V, F, V, V.
   d) V, V, V, F, F.
   e) V, F, V, F, F.

Questão para reflexão

1. Reflita sobre o papel da Justiça Eleitoral. Sua criação, em 1932, pode ser interpretada como uma ação necessária à limitação do poder de controle dos políticos sobre o processo eleitoral. Com base no que você viu neste capítulo, comente as críticas feitas à atuação da Justiça Eleitoral na democracia dos dias de hoje, especialmente quanto ao papel exercido durante as eleições.

Paolo Ricci

Capítulo 4
Da democracia de partido
à democracia de público

Conteúdos do capítulo:

- A democracia do século XX e a centralidade dos partidos políticos.
- Tipologias de partidos.
- Abordagem genealógica: a origem dos partidos.
- Crise da democracia representativa como crise dos partidos.

Após o estudo deste capítulo, você será capaz de:

1. associar o funcionamento das instituições democráticas ao papel dos partidos;
2. diferenciar os partidos considerando a evolução no tempo segundo uma abordagem que valoriza os elementos organizacionais;
3. contrastar duas teorias sobre a formação dos partidos: uma que valoriza o elo com a sociedade e outra que considera a racionalidade dos atores políticos que disputam as eleições;
4. pensar o regime democrático e sua crise atual com base em alguns indicadores de *performance* dos partidos.

A democracia é democracia de partido. Quaisquer análises sobre a democracia representativa devem inicialmente reconhecer que os partidos políticos são seu elemento distintivo.

Neste capítulo, nossa preocupação principal será discutir as relativas transformações dos partidos desde os primórdios do governo representativo até os dias de hoje, enfatizando a transição de uma democracia de partido para uma democracia de público (Manin, 1997), caracterizada na literatura pela passagem de um voto ideológico, centrado no partido, para escolhas eleitorais cada vez mais fluidas, fortemente enraizadas nas *performances* pessoais dos candidatos. Ainda que os partidos continuem a desempenhar um papel essencial, a escolha dos eleitores está fortemente condicionada por componentes personalistas ou temáticas, muitas das quais filtradas pela mídia, e menos por questões ideológicas. Nesse sentido, não podemos falar em *crise de representação*, mas de uma reformulação e adaptação no espaço e no tempo ou, como afirma Manin (1997), de uma *metamorfose dos partidos políticos*.

Para melhor entendermos essa adaptação, iremos focar em duas abordagens que ajudam a exemplificar o tema da mudança, sem desviar para o tema da crise. Primeiramente, faremos uma discussão amparada na literatura que faz uso de **noções tipológicas** para qualificar os partidos – partidos de quadros, partidos de massa, partidos pega-tudo e partidos cartel são as mais conhecidas e que permitem introduzir o tema das mudanças nos partidos desde o século XIX até os dias de hoje. Os estudiosos que se situam nessa abordagem privilegiam um enfoque nos elementos organizacionais dos partidos (Panebianco, 2005; Duverger, 1970).

Em um segundo momento, analisaremos a abordagem que discute as origens dos partidos, a **abordagem genética**, inicialmente desenvolvida nos anos 1960, principalmente por Rokkan (1970), partindo de uma perspectiva histórico-política de longo prazo que analisa os processos pelos quais se desenvolvem e se institucionalizam os sistemas partidários nos países europeus. A abordagem genética trata dos processos por meio dos quais: 1) os partidos e sistemas partidários se desenvolvem e 2) os partidos e sistemas partidários se cristalizam no tempo. Assim, enfatizando o elo com a sociedade, podemos entender melhor a relação entre partidos e eleitores no século XXI, geralmente enquadrada em uma desconfiança da sociedade e do cidadão comum com os partidos e, de forma mais ampla, com a própria democracia.

Essas duas abordagens – a tipológica e a genética – são úteis por identificar as sucessões temporais da evolução dos partidos, isto é, o que vem antes e o que vem depois. Juntamente com essas abordagens, propriamente eurocêntricas, no final do capítulo traremos uma reflexão que centra a análise em uma perspectiva que escapa dos condicionantes sociais e pensa o partido com base nos atores políticos, permitindo refletir sobre o partido como organização que, apesar da crise, continua alimentando as disputas políticas e condicionando a escolha dos eleitores.

(4.1)
O PARTIDO DE UMA PERSPECTIVA ORGANIZACIONAL

Em suas origens, os partidos funcionavam apenas durante as eleições e eram compostos por grupos locais de notáveis que apoiavam um candidato em seus distritos eleitorais. Tratava-se, portanto, de organizações intermitentes, basicamente reunidas meses antes da eleição por meio de comitês locais, cujo propósito era eleger o candidato que apoiavam. Weber (1976) os denominou ***partidos de notáveis***, enquanto Duverger (1970) os chama de ***partidos de quadros***. Essas tipologias foram pensadas para o caso europeu, mas também se aplicam à América Latina. Na nossa região, é comum falar em *clubes* em vez de *partidos*, justamente para enfatizar o caráter pouco organizado. Por sua vez, os **partidos de massa** europeus foram oriundos da expansão do sufrágio universal no final do século XIX. Grupos e associações que atuavam na sociedade civil, como sindicatos e movimentos de trabalhadores rurais, sociedades juvenis e cooperativas, organizaram-se para disputar as eleições, resultando na criação dos partidos socialistas – como o Partido Social-Democrata tedesco, fundado em 1876, e o Partido Socialista italiano, de 1892 – e dos partidos comunistas. Diferentemente dos partidos de notáveis, são extraparlamentares, isto é, criados fora do ambiente parlamentar, com uma presença territorial difundida. Nessa perspectiva, a ideologia atua como colante das preferências dos eleitores, molda as disputas partidárias e funciona como elemento distintivo da política, dada a diversidade das pautas e das bandeiras publicamente defendidas.

A partir dos anos 1960, os estudiosos passaram a destacar uma peculiaridade: a diminuição das diferenças ideológicas entre os partidos. Foi Kirchheimer (2015) a falar pela primeira vez em **partidos pega-tudo** (ou *catch-all*) para fazer referência à prática dominante entre os partidos centrada na busca pelos eleitores em um sentido amplo, isto é, fora dos grupos e dos eleitores que constituíam a base do partido de massa. De acordo com o autor, as mudanças na sociedade (as transformações sociais, econômicas e culturais) enfraqueceram os sentimentos de classe e as crenças religiosas que sedimentavam as preferências eleitorais ao redor dos partidos. Nessa interpretação, o desenvolvimento econômico e o bem-estar reduziram a amplitude do conflito, aproximando eleitores de grupos diferentes, independentemente de questões de renda, educação e origem social. As preferências eleitorais se dariam com base em propostas específicas, menos em fatores ideológicos.

Paolo Ricci

Por fim, a partir dos anos 1970, temos o **partidos cartel**. Muitas das suas características são as mesmas dos partidos pega-tudo. O que podemos observar, conforme defendido por Katz e Mair em estudo seminal publicado em 1995, é o afastamento dos partidos contemporâneos do cidadão comum, cada vez mais estranho à política e ao mundo dos partidos, e sua relativa aproximação do Estado, buscando nele um controle maior sobre os recursos públicos. Logo, haveria certa colusão entre os partidos para exercer um controle absoluto sobre os recursos públicos, independentemente da conotação ideológica. Basicamente, o partido cartel se difere dos tipos anteriores por uma maior penetração no Estado e pela disseminação de um modelo de relações interpartidárias de tipo colusivo, que acabaria por impedir ou limitar a entrada de novas forças políticas. A cartelização seria favorecida, então, pela necessidade das forças políticas em se acordar sobre recursos públicos, mas também pela redução da distância ideológica entre os partidos.

O quadro a seguir apresenta as principais dimensões que distinguem os tipos de partido.

Quadro 4.1 – Tipos de partido

	PARTIDO DE NOTÁVEIS (meados do século XIX)	PARTIDO DE MASSA (final de XIX, início XX)	PARTIDO *CATCH-ALL* (Após 1945)	PARTIDO CARTEL (a partir dos anos 1970)
Político	Notável (recursos pessoais)	De profissão (vive da política)	= + aumento especialização	= + experto de coisas do estado
Recursos dos políticos	Deferência pessoal	Delegação	= +empresário	=
Atividade do partido	Intermitente	Permanente	=	=

(continua)

(Quadro 4.1 – conclusão)

	PARTIDO DE NOTÁVEIS (meados do século XIX)	PARTIDO DE MASSA (final de XIX, início XX)	PARTIDO *CATCH-ALL* (Após 1945)	PARTIDO CARTEL (a partir dos anos 1970)
Estrutura Organizacional	• Aparado burocrático mínimo (Comitês eleitorais) • Financiamento "privado" (contatos pessoais) • grupos internos inexistentes • atuação parlamentar livre	• Aparado burocrático complexo (seção) e Lei Férrea da Oligarquia • financiamento interno (cotas e contribuições de inscritos); • grupos internos ao partido (base); • atuação parlamentar conjunta	• Burocratização do partido • financiamento público e privado (fontes diferentes) • mídia *versus* base; • atuação parlamentar	= + Financiamento público estatal (financiamento público)
Função	Eleger 1 candidato (mandato fiduciário) e distribuição de privilégios	Integra seus membros na sociedade e no Estado • centralidade do papel da ideologia • classe social	Processo de inclusão terminado (identificação coletiva) • redução do papel da ideologia • grupos de interesses	Partido distante da sociedade e integração no estado + Cartel
Base social	Burguesia	Trabalhadores (clivagens em geral)	Eleitorado (genérico)	=

Na sequência, cada dimensão será apresentada separadamente, objetivando ilustrar como os traços essenciais dos partidos se modificaram no tempo.

4.1.1 O POLÍTICO

De acordo com Weber (1976), os políticos inicialmente eram notáveis que exerciam a atividade política por gozar de determinadas condições econômicas que lhes permitiam atuar sem retribuição alguma como membros de um grupo amplo; gozavam, também, de relativa reputação dentro do grupo para representá-lo.

Cabe lembrarmos que, inicialmente, os parlamentos se reuniam raramente, muitas vezes em sessões que concentravam trabalhos em poucos meses ao ano. Quando o parlamento era convocado, seus membros interrompiam por algumas semanas ou meses as respectivas atividades, reunindo-se na capital. Isso gerava altos custos, seja de caráter financeiro, seja de natureza prática, pois obrigava o parlamentar a se afastar de suas atividades cotidianas. Ainda que o financiamento público não estivesse na pauta, ajudas de custo eram previstas pela legislação. Desde a Idade Média, os parlamentares recebiam uma compensação pelo trabalho (Orofino, 2020).

Na Inglaterra do século XIII, o *De expensis Militum Civium Bergensium* previa que as comunidades locais destinassem dois xelins por dia para cobrir os gastos de convocação do parlamento em Westminster. Nos Estados Unidos, a Convenção de Filadélfia determinou que os membros seriam compensados pelos respectivos estados por sua atividade parlamentar. O princípio da ajuda de custo foi previsto na França pela Constituição de 1795.

Já no partido de massa, predominam os políticos de profissão. Nos termos de Weber (1976), os políticos vivem da política por vocação e dependem dela (economicamente falando). A causa principal dessa transformação foi a integração da classe operária. Como os operários não podiam participar ativamente da vida política como os notáveis, era necessário criar um grupo de pessoas que os representasse. O político de profissão é amparado por uma legislação que lhe garante alguma ajuda de custo para assegurar a atividade parlamentar de forma continuada.

No partido pega-tudo e no partido cartel, o elemento pessoal ganha força sobre o partido. Fazer política se torna uma atividade cada vez mais complexa e técnica. Com o tempo, porém, o político percebe a importância da exposição midiática – fator cada vez mais presente a partir dos anos 1960, com o advento da televisão –, que acaba por substituir a competência pela capacidade de se comunicar com os eleitores. Nesses tipos de partido, a componente midiática é central, privilegiando aspectos pessoais dos líderes políticos e respeito aos programas partidários. Daí, a partir dos anos 1980, que surgiram novas lideranças populares de cunho populista.

4.1.2 Os recursos pessoais

O notável era o senhor local que gozava de certa confiança em virtude da deferência pessoal derivada, quase que naturalmente, de sua posição aristocrática e exercida em uma determinada região. Os partidos do século XIX se organizavam em torno de pessoas ilustres, que se incumbiam da preparação das eleições e mantinham o contato com os eleitores; pessoas ilustres cujo nome, prestígio ou brilho serviam como passaporte para o parlamento; técnicos notáveis que conheciam bem seus eleitores, como a importância de organizar uma campanha eleitoral; notáveis que possuíam recursos próprios para investir na política e nas campanhas eleitorais.

No partido de massa, o político perde sua autonomia e depende completamente do partido. Ele delega a este último a responsabilidade de sua eleição como também de sua sobrevivência política em caso de derrota. Faz carreira dentro do partido, gozando dos benefícios vindos da estrutura partidária.

No partido pega-tudo e no partido cartel, a delegação é diminuída pela dimensão empresarial, que se torna preponderante. Como os recursos públicos dos quais os partidos gozam tendem a ser distribuídos para os cargos mais importantes (em particular, para os majoritários), em um contexto cada vez mais competitivo, resta aos políticos procurar por recursos e financiamentos que viabilizem as campanhas eleitorais. Não é por acaso que várias legislações eleitorais têm sido adotadas para permitir o financiamento privado e/ou concessões de campanha (como isenção de taxas para material tipográfico e serviços relacionados com a campanha eleitoral).

4.1.3 AS ATIVIDADES PARTIDÁRIAS

A atividade do partido de quadros é intermitente. Ela é mais visível no momento eleitoral quando, meses antes da eleição, são organizados os comitês eleitorais, que atuam no distrito eleitoral com foco na campanha. São feitas reuniões para apresentar o programa do candidato, organizam-se doações privadas e cuida-se da campanha eleitoral, por exemplo, distribuindo folhetos de propaganda e preparando os comícios. A vida dos comitês desse tipo de partido era, porém, limitada, pois suas atividades cessavam logo após o dia das eleições.

No partido de massa, a atividade partidária é permanente, estruturando-se no território. Diretórios locais e jornais de partido são dois exemplos disso. Os diretórios representam o empenho em criar estruturas fixas de suporte territorial em âmbito municipal, as quais servem de trampolim para muitos políticos ascenderem na carreira. Os jornais publicados nacionalmente são instrumentos de veiculação das ideias e dos valores do partido.

No partido pega-tudo e no partido cartel, assistimos a uma diminuição do número de membros e, em geral, das formas de participação política que ocorrem nas estruturas partidárias. Os partidos dificilmente mantêm sedes locais fixas. Produzem militantes que se reúnem para debater com frequência as linhas do partido ou a política em geral. A forma de se fazer política é cada vez mais influenciada pela mídia e, no século XXI, pelas novas mídias sociais, que se sobrepõem às velhas práticas propagandísticas, substituindo-as, legitimando assim uma relação mais próxima entre eleitores e políticos.

4.1.4 A ESTRUTURA ORGANIZACIONAL

Inicialmente, no partido de quadros, a organização partidária se limitava aos recursos mobilizados durante o período eleitoral pelos comitês eleitorais, com o propósito de eleger o candidato. Portanto, a complexidade administrativa era mínima. Durante a fase eleitoral, a questão dos recursos destinados à campanha eleitoral era resolvida com o financiamento privado.

No partido de massa, na arena eleitoral, podemos observar uma tendência à penetração do partido no território. Aqui, a seção é a base territorial. Diferentemente do comitê eleitoral, a seção está aberta a todos, buscando o maior número de inscritos, não necessariamente pessoas influentes e importantes. Isso produz efeitos sobre a burocracia interna. Criam-se cargos e hierarquias, como o secretário político, o secretário financeiro, os responsáveis pela propaganda.

Os partidos socialistas, por exemplo, antes de qualquer outra força política, vinham lentamente se estruturando em organizações verticais, com uma gestão estável e aparatos internos permanentes. A carteirinha do partido garantia um senso de pertencimento aos filiados. Nos partidos comunistas, a estrutura era a célula que se formava em um nível inferior à seção, composta por poucos indivíduos, organizando-se territorialmente com base profissional. As seções eram típicas dos partidos de esquerda, mas depois se desenvolveram nos demais partidos. O grau de organização dos partidos variava substancialmente. O Partido Social-Democrata alemão, considerado o primeiro partido de massa da Europa, e o Partido Comunista francês e o italiano eram fortemente institucionalizados, com burocracias internas "poderosas, ramificadas, com coalizões dominantes altamente coesas" (Panebianco, 2005, p. 159). Já o Partido Trabalhista britânico (*Labour Party*), a Seção Francesa da Internacional Operária e o Partido Socialista italiano não apresentavam tais elementos organizacionais e tinham uma grande dependência de outras organizações, como os sindicatos.

No partido pega-tudo e no partido cartel, a base é substituída, em certos aspectos, pela mídia. A base ainda persiste, mas se torna um elemento secundário para a sobrevivência do partido; ganha força a relação direta entre partidos e grupos de interesses. O papel dos ativistas diminui ainda mais, e as informações acerca das demandas dos cidadãos não vêm mais das seções de base, porém são produto de pesquisas de mercado. A propaganda porta a porta é substituída pela mídia, e o *marketing* político se torna a peça-chave das campanhas eleitorais e um forte elemento na construção de uma identidade política.

4.1.5 A FUNÇÃO E A BASE SOCIAL

Os partidos de quadros elegiam os indivíduos conhecidos em suas comunidades locais e que tinham amplo apoio popular. Como bem lembra Pizzorno (1996), o representante era o senhor local que gozava da confiança política em seu território graças à deferência que lhe era dada pela tradição e pela descendência aristocrática. Era também uma forma de garantir o controle das verbas estatais destinadas pelo governo central às municipalidades.

No partido de massa, foi desenvolvida uma função de integração social, de modo que o político não apenas representa os eleitores, mas fornece as bases ideológicas para a identificação e o fortalecimento de um sentimento de pertencimento do eleitorado. Nesse modelo, os recursos de identidade (como as reuniões, as festas populares, os jornais de partido) assumem papel central na criação e na solidificação da ideologia do partido. Tratava-se de um processo de socialização em nível local, nas associações territoriais, para a educação das massas populares, o que orientava não apenas na hora do voto, mas também nos diferentes aspectos da vida cotidiana.

Com a manifestação do partido pega-tudo, reduziu-se a importância da ideologia. Mais do que um voto ideologicamente orientado, os estudiosos falam em *voto de opinião*, isto é, de um eleitor que vota com base em preferências não fixas, influenciadas por temáticas específicas, como corrupção, educação ou segurança pública. Nesse quadro, os estudiosos têm mostrado que os eleitores mudam frequentemente de partido entre uma eleição e outra, inclusive apoiando candidatos que se situam em diferentes posições do espectro ideológico. A clássica divisão entre esquerda e direita é insuficiente para representar o conflito nessa sociedade, que cada vez mais se organiza em torno de temáticas que tendem a se sobrepor, como a globalização, a imigração, a economia e assim por diante, dando origem aos partidos populistas.

A literatura sobre os tipos de partidos é capaz de oferecer um quadro da evolução das estruturas organizacionais dos partidos no tempo, mas é pouco reveladora das inúmeras variações ideológicas encontradas nos países. Os estudiosos citam famílias de partidos, diferenciando-as entre partidos socialistas, religiosos, conservadores, liberais e regionais. Isso produz a sensação de que a disputa política está centrada nas diferentes pautas defendidas pelos partidos. Entretanto, por décadas, os partidos socialistas e, sucessivamente, os partidos social-democratas dominaram as disputas em alguns países, porém não em outros. Da mesma forma, partidos cristãos foram relevantes em alguns estados, mas menos em outros. Por quê? Para responder à pergunta, na próxima seção veremos como os partidos são criados por meio de identidades políticas sedimentadas na sociedade.

(4.2)
A ORIGEM DOS PARTIDOS: PARTIDOS E CLIVAGENS SOCIAIS

Diz Duverger (1970) que, em 1850, nenhum país do mundo (salvo Estados Unidos) conhecia partidos políticos no sentido moderno do termo: encontravam-se tendências de opiniões, clubes populares, associações de pensamento, grupos parlamentares, mas nenhum partido propriamente dito. Para Lipset e Rokkan (1967), o nascimento dos partidos modernos se situa entre metade do século XIX e início do XX, condicionado pelo processo de democratização e expansão do sufrágio universal. Cada país, porém, evolui de forma diferente, apresentando famílias de partidos diferentes. Segundo essa abordagem, a explicação estaria na existência de fraturas/clivagens político-sociais que emergem das experiências históricas internas de cada país e que condicionam o formato do quadro partidário.

As clivagens são fraturas que põem em conflito determinados grupos sociais e podem ser enquadradas em dois eixos: o territorial (conflito local *versus* conflito nacional) e o funcional (conflito presente na sociedade, por exemplo, de caráter econômico). São exemplos da dimensão **territorial** questões sobre minorias linguísticas *versus* identidade nacional, regiões periféricas *versus* integração nacional, descentralização *versus* centralização, diferentes concepções sobre a nação e os interesses nacionais. São exemplos da dimensão **funcional** os conflitos sobre a alocação de recursos (entre compradores e produtores/trabalhadores e empregadores) e entre grupos de interesses específicos, ou sobre aspectos mais gerais, como direitos morais e interpretação da história do país (Lipset; Rokkan, 1967).

Para os autores, essas clivagens são ativadas de forma diferente dependendo da reação a duas revoluções que afetaram o continente europeu: a revolução nacional (construção de uma cultura nacional em contraposição às diferenças étnicas, religiosas e linguísticas) e a Revolução Industrial (conflito entre proprietários terreiros e empresários industriais e trabalhadores). Em ambos os casos, trata-se de fenômenos históricos ocorridos no século XIX e início do século XX.

Conforme o argumento dos autores, temos quatro situações que podem explicar o nascimento e a configuração de partidos diferentes:

1. **Revolução nacional** e **eixo territorial** produzem uma clivagem entre o centro e a periferia, caracterizada pelo conflito em que a periferia se opõe à tentativa do centro de homogeneizar o aspecto cultural, reivindicando a própria identidade. É um conflito típico na fase da criação do Estado-nação, quando uma região se isola e resiste à integração. Consequentemente, criam-se as condições necessárias para assistir ao nascimento dos partidos étnico-regionalistas, já que grupos periféricos são geograficamente concentrados e tendem a manter as relações econômicas e culturais com agentes externos mais do que com o centro. Além disso, a dependência econômica do centro é mínima. Casos desse tipo se encontram na Irlanda e na Espanha (região basca).
2. **Revolução nacional** e **eixo funcional** produzem uma clivagem entre o Estado e a Igreja. Aqui, o conflito é de natureza funcional, porque há um conflito ideológico entre as elites do centro. Consequentemente, a reivindicação de partidos confessionais (católicos, reformistas, luteranos) em defesa da religião provoca inevitavelmente o nascimento dos partidos liberais em defesa dos

interesses do Estado laico. Partidos que derivam dessa clivagem se encontram na Holanda, na Alemanha e na Itália. A Igreja e os grupos conservadores inicialmente não incentivaram a criação dos partidos católicos; em muitos países, como na Itália, desincentivava-se as pessoas a se envolver em política. Entretanto, no final do século XIX e começo do século XX, foram criados vários partidos religiosos em resposta ao sucesso eleitoral dos partidos socialistas.

3. **Revolução Industrial** e **eixo territorial** produzem a clivagem cidade-campo. É uma divisão ligada à Revolução Industrial, que gerou um crescimento urbano elevado e que, consequentemente, provocou uma degradação dos interesses sobre os territórios rurais. Isso incentivou o nascimento de partidos agrários, como se deu nos países escandinavos.
4. **Revolução Industrial** e **eixo funcional** são responsáveis pela clivagem capital/trabalho, originada na época pós-industrial, em que a politização das questões trabalhistas trouxe grande mobilização de massas operárias e gerou diferentes tipos de partidos operários. Tais partidos reivindicavam reformas sociais e direitos trabalhistas mínimos, como horário de trabalho de oito horas, condições mínimas sanitárias no ambiente de trabalho, assistência sanitária, segurança e idade mínima para trabalhar.

Lipset e Rokkan (1967) afirmam que haveria uma tendência ao congelamento das clivagens. Os autores verificaram que, no final dos anos 1960, o sistema partidário dos países europeus refletia, com poucas exceções, a estrutura das clivagens dos anos 1920. Ou seja, as clivagens teriam sustentado os mesmos partidos geração após geração. Entretanto, alguns autores têm observado que o fenômeno do congelamento se exauriu recentemente em razão de duas mudanças profundas que ocorreram na sociedade e nos próprios partidos:

1. Quanto à sociedade, os valores pós-materialistas foram mais preponderantes nas gerações nascidas no pós-guerra, que cresceram em um ambiente de bem-estar e facilidades materiais, em que outras demandas e lutas se tornaram mais preeminentes, como o multiculturalismo, o ambiente, a igualdade de gênero e raça e as liberdades sexuais (Inglehart; Abramson, 1994). Isso resultou na formação de novos partidos de esquerda nos anos 1980, como os partidos verdes na Europa (Kitschelt; Hellemans, 1990). Além disso, a partir dos anos 1980 e sobretudo 1990, emergiram partidos populistas de direita, amparando-se nos valores tradicionais da sociedade, posicionando-se claramente contra a imigração, que ameaçaria a identidade cultural nacional e o bem-estar geral.
2. Já outros autores reconhecem que a entrada de novos partidos na disputa política não elimina os velhos partidos. Ou seja, o que se mantém constante não é a clivagem em si, mas o próprio sistema partidário. Os partidos ganharam certa autonomia com relação à própria clivagem e, inclusive, conseguem incorporar as novas clivagens que se formaram após os anos 1970 e 1980 (Bartolini; Mair, 1990). O partido cartel ilustra bem essa dinâmica, sugerindo que a sobrevivência dos partidos tradicionais é explicada pela penetração nas instituições estatais.

De qualquer forma, não há dúvida de que atualmente exista um reconhecimento por parte dos estudiosos de que o fenômeno do congelamento das clivagens não é mais explicativo da situação atual. Na próxima seção, veremos como isso é explicado à luz de dados mais consistentes.

(4.3)
Crise da democracia representativa como crise dos partidos: algumas evidências

A partir dos anos 1990, os estudiosos passaram a enfatizar as transformações dos partidos e dos sistemas partidários. Em particular, os partidos não seriam mais instituições capazes de canalizar o consenso entre os cidadãos. De acordo com dados do Latinobarómetro de 2020, em oito países da região latino-americana, há um índice de 10% (El Salvador e Costa Rica) ou menos de confiança nos partidos políticos; apenas o Uruguai alcança valores acima de 30%, e os demais se situam entre 11% e 24% (Latinobarómetro, 2023). Outras instituições são percebidas negativamente, como o Congresso Nacional, o Executivo e a Justiça Eleitoral, esta última responsável por administrar as eleições em grande parte dos países da América Latina. Obviamente, essa avaliação produz efeitos significativos sobre a estabilidade da democracia, tanto que o apoio à democracia vem caindo no tempo – entre 2010 e 2018, passou de 63% a 48%, e em 2020 registrou um valor de 49%, o que revela uma situação de retrocesso democrático (Latinobarómetro, 2023).

Alguns indicadores nos ajudam a entender o que está acontecendo. Devemos olhar, primeiramente, para o eleitorado. Os estudiosos têm sustentado a ideia de um declínio nos vínculos tradicionais entre eleitores e partidos. Nas últimas décadas, ocorreu um desalinhamento partidário, caracterizado por um crescente distanciamento entre eleitores e partidos políticos (Dalton, 2013). Enfraqueceu-se o vínculo partidário de caráter ideológico, típico dos partidos de massa, e se tornou mais saliente a componente personalista, relativa às competências pessoais, ao carisma, às decisões políticas tomadas nos cargos e aos atributos pessoais, como a religião. Daí a importância das campanhas eleitorais e das estratégias de comunicação política.

Outro indicador que auxilia o entendimento desse fenômeno é o da volatilidade eleitoral, que mede as variações nas preferências dos eleitores entre duas eleições consecutivas. Um eleitor atomizado e pouco interessado na política tende a não votar ou a manifestar seu direito de voto de forma mais volátil. Portanto, um índice de volatilidade baixo significa que o sistema partidário é estável.

A tabela a seguir foi extraída de um estudo recente em que os autores medem a volatilidade em dez democracias europeias. A comparação entre a volatilidade registrada nas duas primeiras eleições pós-Segunda Guerra Mundial e aquela observada após 2010 revela um aumento significativo desse indicador em muitos países. Para os dois momentos considerados, esperam-se níveis elevados de volatilidade: no primeiro caso, trata-se de eleições que acontecem em uma fase de (re)democratização após o conflito bélico; no segundo caso, supõe-se que a crise econômica da primeira década do século XXI, juntamente com a criação de partidos populistas, tenha impactado profundamente as preferências dos eleitores. Os dados revelam que a volatilidade observada no segundo período histórico é maior e significativamente mais elevada em países considerados democracias consolidadas, sugerindo que, na Europa, os países estariam passando por um momento de desinstitucionalização partidária devido à entrada e saída de partidos.

Tabela 4.1 – Valor médio da volatilidade por país em dois períodos históricos

País	Primeiras duas eleições	Desde 2010
Áustria	8.10	15.70
Bélgica	10.10	12.83
Dinamarca	12.53	11.70
Finlândia	5.10	14.95
França	5.68	23.60

(continua)

(Tabela 4.1 – conclusão)

País	Primeiras duas eleições	Desde 2010
Alemanha	15.05	16.75
Grécia	21.33	29.23
Islândia	4.85	34.65
Irlanda	13.45	29.60
Itália	15.20	35.65
Luxemburgo	16.38	9.60
Malta	18.15	6.50
Holanda	6.43	19.73
Noruega	5.75	14.40
Portugal	11.38	13.65
Espanha	28.35	16.75
Suécia	6.78	9.78
Suíça	5.48	8.20
Reino Unido	5.68	7.20
Todos os Países	11.35	18.01
N	38	24

Fonte: Chiaramonte; Emanuele, 2015, p. 6, tradução nossa.

Outro estudo traz um quadro mais completo do fenômeno ao comparar os valores da volatilidade em 67 países no mundo entre 1950 e 2006 (Mainwaring; Gervasoni; España-Najera, 2017). Os gráficos a seguir diferenciam a proporção de votos atribuídos a novos partidos (*extra system volatility*) e a proporção de votos entre os partidos tradicionais (*intra system volatility*), refletindo, neste último caso, as variações nas preferências eleitorais para os partidos consolidados. No eixo x, podemos ver o ano inicial em que o país é considerado democrático – portanto, a comparação se dá entre níveis de volatilidade em países nos quais a democracia é recente *versus* países considerados democráticos desde o século XIX ou começo do século XX.

Gráfico 4.1 – Volatilidade eleitoral: novos partidos e partidos tradicionais

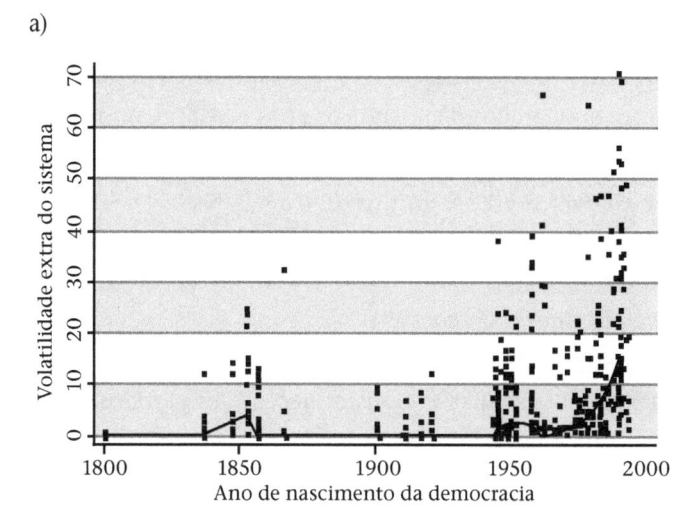

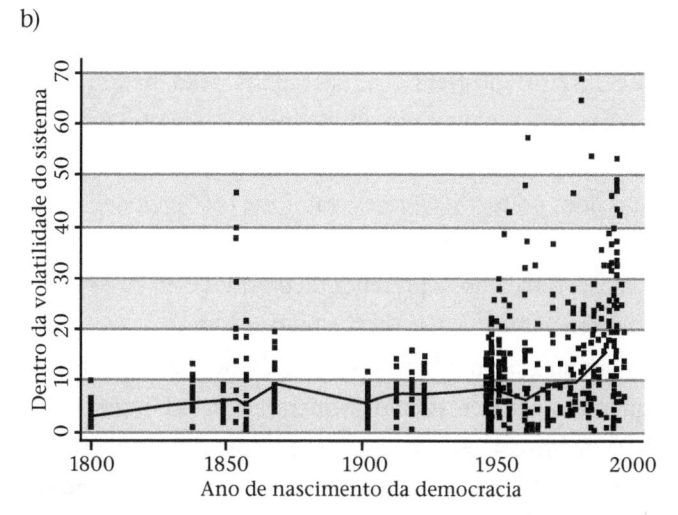

a)

b)

Fonte: Mainwaring; Gervasoni; España-Najera, 2017, p. 428, tradução nossa.

Os dados mostram que os novos partidos têm mais sucesso em novas democracias e menos sucesso em democracias consolidadas, sustentando a hipótese formulada por Lipset e Rokkan (1967) do congelamento do sistema partidário (gráfico a). Para os países considerados democráticos antes de 1978, a volatilidade é de 13,2%; para os países considerados democráticos após esse ano, o índice sobe para 32,9%. Se olharmos apenas para os votos atribuídos aos partidos tradicionais (*within-system volatility*), a tendência é confirmada, ainda que as democracias mais antigas (do século XIX) tenham níveis elevados de volatilidade, mostrando que há diferenças significativas entre velhas e novas democracias.

O número efetivo de partidos é outro indicador que deve ser considerado para avaliar as transformações dos partidos. Indica o grau de fragmentação do sistema partidário, podendo ser calculado relativamente à disputa eleitoral, ponderando o peso das legendas, ou olhando para a arena parlamentar, ponderando o peso dos partidos que conseguem cadeiras[1]. Dados calculados para alguns países entre 1950 e 2010 mostram que, na maioria deles, há um aumento dos partidos representados nos respectivos parlamentos (ver gráficos a seguir). Conforme Best (2013), esse aumento se deve à presença de novos partidos políticos, às vezes com forte base regional, como é o caso do Reino Unido, onde, além do incremento expressivo dos votos nos liberais, verificamos a presença de partidos com bases regionais, como o Scottish Nationalist Party e o Plaid Cymru.

A seguir, no gráfico referente à Itália, a série histórica termina em 1994, quando, após o escândalo da operação Mãos Limpas, o sistema partidário inteiro colapsou. Nos gráficos todos, a linha preta contínua representa o indicador calculado considerando os partidos que disputavam as eleições, a linha tracejada representa os partidos na Câmara

---

[1] *O número efetivo de partidos é usualmente calculado segundo a fórmula introduzida por Laakso e Taagepera (1979):* $N = 1/\Sigma vi2$.

dos Deputados, e a linha pontilhada representa apenas os partidos mais duradouros que disputam as eleições desde os anos 1950.

Gráfico 4.2 – Número de partidos efetivos em alguns países

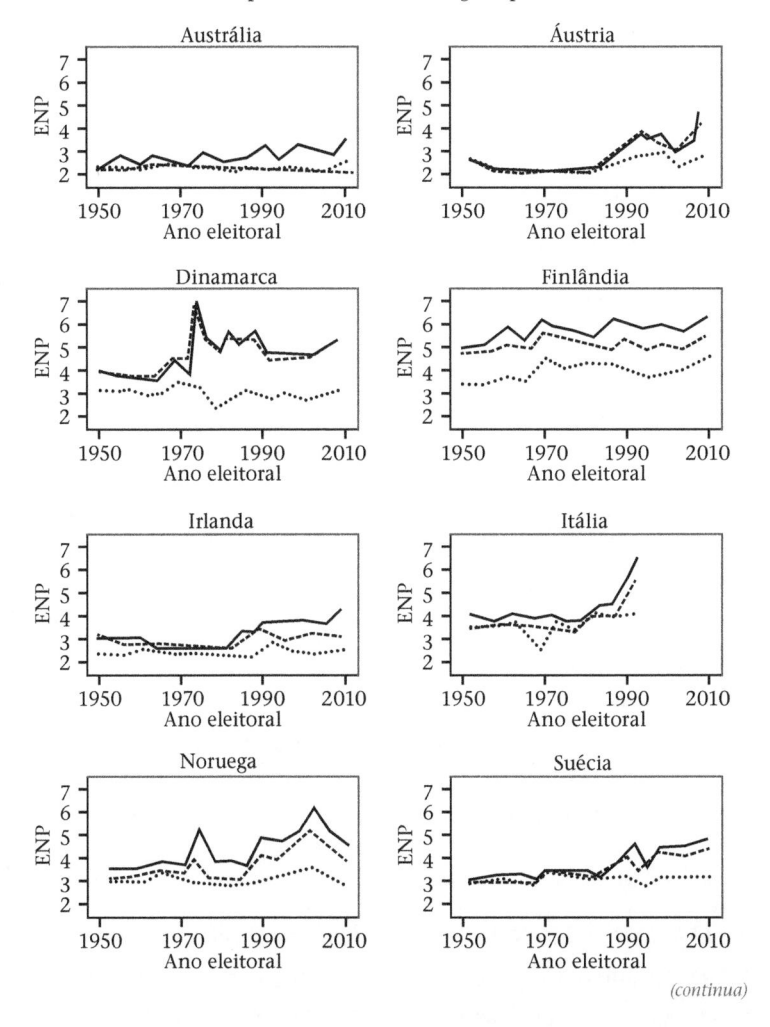

(continua)

(Gráfico 4.2 – conclusão)

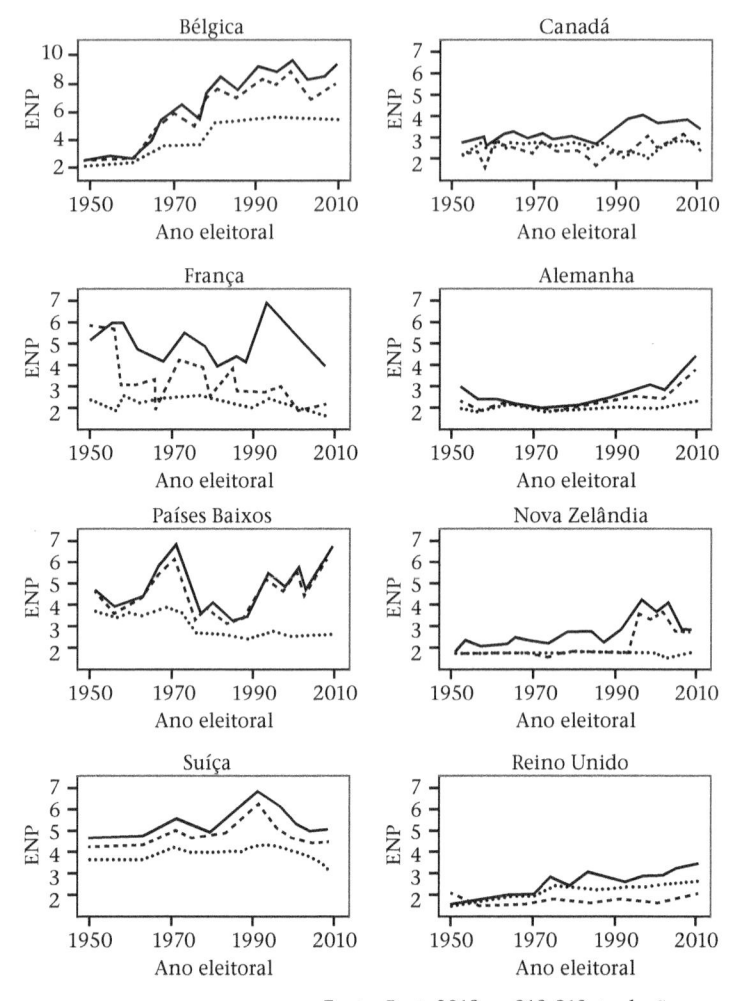

[Gráficos ENP × Ano eleitoral para: Bélgica, Canadá, França, Alemanha, Países Baixos, Nova Zelândia, Suíça, Reino Unido]

Fonte: Best, 2013, p. 318-319, tradução nossa.

O aumento dos partidos nas eleições nem sempre se reflete na arena parlamentar. Como sabemos, alguns mecanismos previstos pelas regras eleitorais (magnitude distrital baixa, cláusula de barreira e sistemas eleitorais majoritários) constituem barreiras formais à entrada dos partidos. Quando os partidos novos conseguem algumas cadeiras, a tendência é a de se posicionar contra os partidos governistas, atuando em oposição à coalizão governista.

O que dizer do Brasil? Na América Latina, os indicadores relativos à volatilidade mostram níveis mais elevados em comparação com outros continentes (Carreras; Acácio, 2019). No Brasil, pelo menos desde 1994, há relativa estabilização nas disputas entre os partidos, em particular devido à bipolarização entre o Partido da Social Democracia Brasileira (PSDB) e o Partido dos Trabalhadores (PT) pela corrida presidencial até 2014. O gráfico a seguir mostra que, após 2010, o processo foi revertido e a volatilidade total tem aumentado (Borges, 2021).

Gráfico 4.3 – Níveis de volatilidade total e extra da Câmara dos Deputados brasileira (1990-2018)

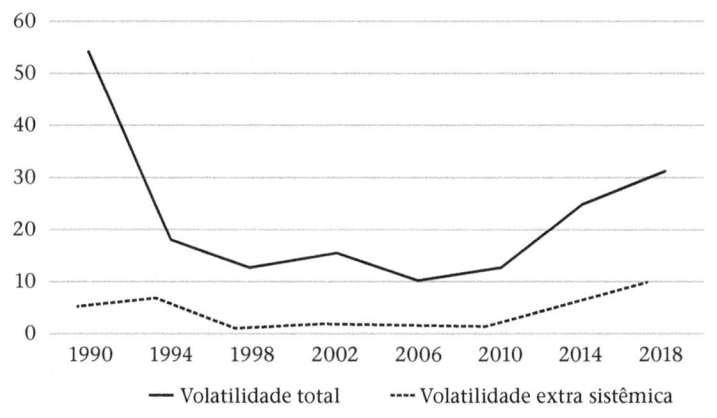

Fonte: Borges, 2021, p. 178, tradução nossa.

A volatilidade extra, mencionada no gráfico, considera as flutuações nos votos atribuídos a novos partidos (*extra-system volatility*).

O dado relativo ao número de partidos efetivos também se confirma quando analisado em comparação com outros países (ver gráfico a seguir). A partir de 2006, ficaram evidentes os sinais de desalinhamento partidário, o que, para muitos autores, estaria relacionado à menor adesão ao Partido dos Trabalhadores e à afirmação do antipetismo, sobretudo depois os escândalos de corrupção. A linha *Polarization* do gráfico indica um aumento nos níveis de polarização partidária, mensurado pelo posicionamento ideológico entre os partidos na escala esquerda-direita. Esse indicador é importante, pois sugere que o aumento da distância ideológica no Congresso cria obstáculo à governabilidade. Isso constrange o presidente na formação e na manutenção da coalizão que lhe dá sustentação no Congresso, já que, para governar, deve negociar com partidos ideologicamente mais distantes, introduzindo algum elemento de instabilidade (Borges, 2021).

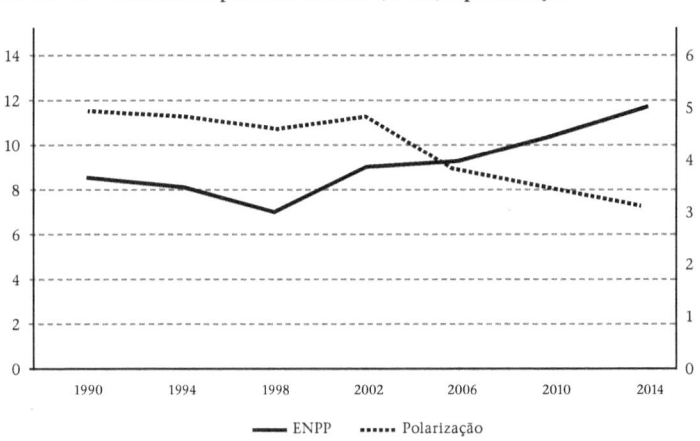

Gráfico 4.4 – Número de partidos efetivos (ENPP) e polarização

Fonte: Borges, 2021, p. 184.

(4.4)
A ORIGEM DOS PARTIDOS: RESPOSTAS RACIONAIS

Este capítulo poderia ser encerrado com uma simples afirmação: de fato, quando observada sob o aspecto da atuação dos partidos, a democracia está em crise. Nesta última seção, traremos um conjunto de explicações que repensa o papel dos partidos e os reconhece como fundamentais para o funcionamento da democracia representativa. O fato de que tais argumentos sirvam também para se pensar autocracias é outro aspecto que devemos ponderar na relação entre a democracia e a instituição partido político.

A abordagem centrada nas clivagens é criticada por se concentrar demasiadamente nos vínculos sociais. Ainda que as clivagens existam e estruturem o conflito, isso não necessariamente resulta na criação de partidos que representem tais divisões. Por um lado, é necessário mobilizar os recursos para organizar o partido; uma tarefa nem sempre fácil, sobretudo quando há divisão entre os movimentos e os custos são elevados. Por outro lado, a estrutura de oportunidades políticas (Kitschelt, 1988) – isto é, regras formais e informais para registro de partido, para regime eleitoral e para regime presidencial – pode condicionar o (in)sucesso das tentativas de criação dos partidos. Além disso, os estágios iniciais da organização de um partido são consequência da ação de poucos atores, que se coordenam para lançar uma nova força política. Por isso, alguns autores pensam o partido político como uma instituição endógena, ou seja, criada pelos atores internos (ativistas e/ou políticos) com objetivos e fins declarados, evoluindo com as mudanças promovidas por esses atores. Em estudo clássico sobre a formação da democracia cristã na Europa, Kalyvas (1996) argumenta que a organização dos partidos com bases religiosas foi o resultado de estratégias escolhidas por atores políticos constrangidos por um conflito entre Estado e Igreja.

Na abordagem centrada nas escolhas dos atores políticos, os partidos surgem como solução de um problema de ação coletiva (Aldrich, 1995; Cox; McCubbins, 1993). Sem partidos, a negociação para se elaborar uma política pública seria na base individual, restringindo as possibilidades de mudança do *status quo* com posições individuais extremadas. Ao mesmo tempo, para aumentar as chances de reeleição, os políticos delegam suas funções aos partidos, pois coordenar é melhor do que agir individualmente. Os partidos são também instituições duradouras, isto é, formam-se e não desaparecem, já que, se o fim é fazer carreira e promover políticas públicas, é racional manter fixas as organizações para que os fins sejam alcançados.

Para Aldrich (1995), existem três problemas que os políticos individualmente não conseguem solucionar e que estariam na base do surgimento dos partidos:

1. **O problema da ambição política:** Os políticos buscam fazer carreira, pois os cargos públicos são atrativos e valiosos. Entretanto, sempre há mais aspirantes do que cargos disponíveis. O partido é uma organização que regula internamente o acesso ao parlamento, administrando o primeiro acesso e as demais etapas que permitem a ascensão política, assim como o nível em que o candidato se apresenta (municipal, estadual e federal, no caso brasileiro). Portanto, o partido soluciona um conflito interno relativo a quais candidatos lançar para os cargos representativos em diferentes níveis. O tema da ambição remete à seleção das candidaturas e é um dos temas mais explorados pela literatura sobre partidos. Conforme Hazan e Rahat (2010), essa é uma questão interna ao partido, geralmente ligada a um procedimento extralegal (não está na lei eleitoral ou em outras leis ordinárias) e regulamentada por leis internas dos partidos (estatutos partidários). Por trás das

regras que cada partido fixa em matéria de seleção das candidaturas estão as tentativas de racionalizar o conflito interno no que diz respeito à carreira política.

2. **O problema da tomada de decisão** ou da **escolha coletiva** (Arrow, 1963): Na política, existe um problema de ação coletiva, já que cada político tem suas preferências sobre como solucionar aspectos da vida pública, propor iniciativas e promover políticas públicas. Não existe um equilíbrio de longo prazo que permita alcançar escolhas coletivas. Individualmente, no Congresso Nacional, os políticos não conseguem antecipar os resultados das políticas e não sabem qual escolha seria melhor ou mais oportuna em um determinado momento. A solução para se obter resultados que satisfaçam as preferências individuais é delegar ao partido. Logo, é o partido, por meio de suas lideranças, que ordena as preferências, e os parlamentares devem se adequar a elas. A elaboração de uma lista ordenada de decisões públicas a ser respeitada pelos parlamentares é um fator importante na vida partidária. Assim, ações que contrariam as decisões tomadas pelos líderes são vistas como prejudiciais e podem levar à expulsão do político ou à saída voluntária e migração para outra sigla.

3. **O problema da ação coletiva**: A mobilização dos eleitores é um problema para os políticos. As campanhas eleitorais, por exemplo, cada vez mais caras, estão nas mãos de técnicos especializados, que orientam a destinação dos recursos para persuadir os eleitores. Ainda que as campanhas eleitorais do século XIX fossem mais baratas, havia necessidade de desenvolvê-las. Panfletos, manifestos e comícios eram organizados pelos partidos; um fenômeno que se tornou praxe com a expansão dos direitos políticos e a entrada em massa de novos eleitores. O partido é a instituição que permite diminuir esses custos, facilitando a mobilização dos

eleitores. Os programas partidários podem ser vistos como medidas adotadas para tal propósito – não apenas permitem reunir indivíduos próximos entre si sob uma única plataforma programática, mas também facilitam o diálogo com parte do eleitorado que, geralmente desinformado, busca por plataformas claras e sintéticas.

A vantagem da perspectiva de Aldrich (1995) é se afastar das questões referentes à relação entre sociedade e partidos, dando ênfase à ação dos líderes políticos. O resultado é que o partido é visto como uma instituição central para a democracia. Mais de um século se passou da criação de partidos modernos, de massa, e as transformações observadas no tempo não eliminam a importância do partido como instituição capaz de conciliar os interesses privados dos indivíduos e suas aspirações políticas.

Síntese

Neste quarto capítulo, vimos que os partidos nasceram no século XIX e ainda dominam as disputas políticas em regimes democráticos. Candidaturas avulsas aparecem, mas, em sua maioria, não são bem-sucedidas. Apesar das pressões e da entrada de novas forças políticas no parlamento, os sistemas partidários ocidentais mantêm certas características já identificadas na Segunda Guerra Mundial (Drummond, 2006). Na América Latina, para alguns autores, o quadro é diferente, pois experimentamos níveis maiores de instabilidade partidária.

Essas considerações, porém, devem ser ponderadas levando em conta a **adaptação** feita ao longo do tempo por parte dos partidos tradicionais e das instituições democráticas. A afirmação de que um certo partido foi criado no início do século XX e ainda está presente hoje, mais de 100 anos depois, desconsidera eventuais mudanças internas promovidas ao longo do tempo. Nesse sentido, por *adaptação* entendemos a capacidade em adotar novas regras e estruturas internas que respondem, em parte, às pressões advindas da sociedade, mas também a fatores exógenos, como crises estruturais ou até novos adversários políticos, a exemplo dos partidos populistas.

No próximo capítulo, analisaremos algumas dessas pressões, dando ênfase à entrada no mercado político das forças populistas.

Questões para revisão

1. De forma sintética, indique as principais diferenças entre a abordagem tipológica e a abordagem genética.

2. Marque as afirmações com verdadeiro (V) ou falso (F).
   ( ) Os partidos políticos do século XIX foram denominados *partidos de notáveis* ou *partidos de quadros*.
   ( ) Os partidos de quadros se caracterizavam por organização débil, número baixo de filiados e aparato burocrático complexo em nível local.
   ( ) De acordo com a abordagem tipológica, é possível classificar os partidos nesta ordem, desde o século XIX: partido de quadros, partido de massa, partido pega-tudo e partido cartel.
   ( ) No partido pega-tudo e no partido cartel, a base é substituída, em certos aspectos, pela mídia.
   ( ) Com a manifestação do partido de massa, houve uma redução da importância da ideologia.

   Agora, assinale a alternativa que corresponde à sequência correta:

a) V, F, V, F, F.
b) F, F, V, F, F.
c) V, V, F, F, V.
d) V, F, V, V, F.
e) V, F, F, V, V.

3. Para muitos autores, a crise da democracia representativa é consequência da crise dos partidos. Você saberia elencar alguns indicadores frequentemente citados na literatura para descrever o declínio dos partidos como instituições capazes de canalizar o consenso entre os cidadãos?

4. Sobre a crise da democracia representativa como crise dos partidos, assinale a afirmação correta:
   a) Em todos os países, assistimos a uma crise dos partidos caracterizada por um maior distanciamento entre partidos e eleitores.
   b) Os mecanismos previstos pelas regras eleitorais (magnitude distrital baixa, cláusula de barreira e sistemas eleitorais majoritários) não são mais barreiras formais à entrada dos partidos.
   c) No Brasil, o processo de distanciamento entre partidos e eleitores foi revertido, como mostra a diminuição dos níveis de volatilidade registrado nos últimos anos.
   d) Os dados mostram que os novos partidos têm sucesso semelhante em todas as democracias, seja nas novas, seja nas democracias consolidadas.
   e) O fenômeno do congelamento das clivagens é explicativo da situação atual, mostrando níveis de polarização em muitos países europeus.

5. Marque as afirmações com verdadeiro (V) ou falso (F).

( ) O nascimento de partidos modernos se situa entre metade do século XIX e início do XX e foi influenciado pelo processo de democratização e expansão do sufrágio universal.

( ) A Revolução Industrial e o eixo funcional são responsáveis pela clivagem cidade/campo.

( ) As mudanças nos tipos de partidos estão atreladas às mudanças na sociedade, em que teria havido uma passagem de valores materialistas para valores pós-materialistas por parte das gerações nascidas no pós-Guerra.

( ) A mobilização dos eleitores não é um problema para os políticos, pois a máquina partidária atua como mecanismo único de aproximação com os eleitores.

( ) O partido é uma organização que regula internamente o acesso ao parlamento, administrando o primeiro acesso e as demais etapas que permitem a ascensão política.

Agora, assinale a alternativa que corresponde à sequência correta:

a) V, V, V, V, V.
b) V, V, F, V, V.
c) V, V, V, F, V.
d) V, V, V, V, F.
e) F, F, F, F, F.

6. Alguns autores afirmam que a criação dos partidos resolveria três problemas que os políticos individualmente não conseguem solucionar. Quais são esses problemas? Descreva-os brevemente.

Paolo Ricci

Questão para reflexão

1. Tratamos neste capítulo sobre a crise da democracia como fenômeno atrelado à crise dos partidos. O Brasil é frequentemente visto como um caso em que os partidos constroem relações pouco estáveis com os eleitores. Explique essa constatação à luz do seu conhecimento sobre o período atual.

Capítulo 5
A representação política
no século XXI: o avanço
populista

Conteúdos do capítulo:

- Noção de populismo.
- O populismo como fenômeno global.
- O caso brasileiro em comparação com outros países.
- Relação entre populismo e democracia.

Após o estudo deste capítulo, você será capaz de:

1. entender o populismo como fenômeno complexo;
2. decifrar tipos diferentes de populismos no espectro ideológico;
3. pensar o caso brasileiro desde Vargas até Bolsonaro;
4. compreender em que medida o populismo é uma ameaça à democracia.

O surgimento e o avanço das forças políticas populistas são considerados um dos desenvolvimentos mais impactantes nas democracias contemporâneas. Desde os anos 1980, na Europa é comum falar em *partidos populistas de extrema-direita*. O termo *populista* é também frequente no debate político atual e amplamente usado pela mídia para qualificar alguns políticos como Donald Trump, Hugo Chávez, Matteo Salvini, Santiago Abascal, Viktor Orbán, Boris Johnson, Marine Le Pen e Pablo Iglesias Turrión. Entretanto, o populismo não é um fenômeno recente. Getúlio Vargas, no Brasil, e Juan Domingo Perón, na Argentina, são considerados líderes populistas históricos.

Neste capítulo, iremos introduzir e discutir o fenômeno populista objetivando relacioná-lo à crise da democracia de partido. Partiremos do debate travado entre os estudiosos acerca do significado da palavra. Não se trata de mero preciosismo. Seu significado é, ainda hoje, objeto de disputa entre os estudiosos. Se há quem questione seu uso na academia, outros convergem no entendimento de que é possível chegar a uma definição mínima que permita aplicações empíricas. Também abordaremos a complexidade do populismo, dando ênfase à sobreposição com outras dimensões da política, entre elas o nacionalismo.

Em seguida, apresentaremos os casos europeu e brasileiro. Quanto à Europa, enfatizaremos alguns traços típicos do populismo europeu, considerando, sobretudo, as eleições recentes, que em vários países resultaram no sucesso de partidos populistas e na consequente formação de governos de coalizão com o apoio parlamentar e ministerial de tais partidos. Já no Brasil, o populismo é um fenômeno histórico, e tentaremos caracterizá-lo à luz da evolução no tempo, de Vargas a Bolsonaro.

Por fim, nas conclusões, buscaremos relacionar o populismo à crise da democracia de partido, reconhecendo que, para muitos estudiosos, o populismo constitui uma ameaça à democracia.

Paolo Ricci

(5.1)
O QUE É O POPULISMO?

Até recentemente, não existia uma definição amplamente aceita de *populismo*, e ainda hoje há um debate acirrado entre cientistas sociais se devemos adotá-lo no contexto acadêmico. Frequentemente, lembra-se do simpósio da London School of Economics, organizado em 1967, em que Isaiah Berlin, notório pensador liberal do século XX, afirmou que as inúmeras tentativas de encontrar uma definição objetiva para *populismo* eram inúteis, dada a complexidade do fenômeno e suas inúmeras formas de manifestação. De acordo com o pensador, as tentativas de clarear o conceito – feitas quase que de forma obsessiva – configuraram um complexo de Cinderela: buscava-se uma definição que servisse a todos, como o príncipe que procurava o pé para calçar o sapato que a princesa havia perdido. Essa forma de pensar o populismo alimentou por anos certo prejuízo negativo entre os estudiosos. Na opinião pública, também tem prevalecido o entendimento de que o termo evoca elementos depreciativos dos objetos ou sujeitos em discussão, sobretudo por parte da mídia (Canovan, 1981).

No Brasil, o populismo é um fenômeno histórico, associado inicialmente ao período pós-Revolução de 1930, reconhecidamente identificado na figura de algumas lideranças políticas, como a de Getúlio Vargas. Para Capelato (2013), até os anos 1940, o termo era sinônimo de *popular*, mas, já nos anos 1950, o populismo foi explorado por quem se opunha a Vargas, portanto, em um sentido pejorativo. Assim, nas palavras de Antonio Negro (2004, p. 17), "populismo [...] é pecha que se joga no adversário".

Francisco Weffort (1980) foi um dos maiores intérpretes do populismo no Brasil. Influenciado pela abordagem marxista, para ele, o populismo seria o produto de uma crise de poder, detectada no fim da hegemonia das velhas elites agrárias da Primeira República, derrotadas na Revolução de 1930, sem que uma hegemonia burguesa a substituísse. Assim, o populismo que caracteriza o regime democrático de 1945 "**é, no essencial, a exaltação do poder público; é o próprio Estado colocando-se através do líder, em contato direto com os indivíduos reunidos na massa**" (Weffort, 1980, p. 28, grifo do original). Na leitura feita por Weffort (1980, p. 36, grifo do original), "**o populismo [...] é sempre uma forma popular de exaltação de uma pessoa na qual esta aparece como a imagem desejada para o Estado**". Logo, a interpretação do autor está fortemente vinculada, por um lado, ao elemento carismático e, por outro, à massa unificada, identificada pelo autor na população urbana. Essa forma de entender o populismo é expressão de uma abordagem "clássica" do fenômeno, pois pensa o populismo segundo uma teoria das relações sociais, valorizando o estudo das classes urbanas, a modernização e a industrialização e como elas influenciaram as estruturas sociais. As características do populismo seriam, portanto:

- a capacidade de mobilizar as massas por meio de um líder carismático e de mecanismos já utilizados pelas elites políticas estabelecidas, como o paternalismo (perante uma massa urbana que vem do campo, o líder se apresenta como uma solução) e o clientelismo;
- uma coalizão heterogênea que visa à classe média trabalhadora, mas também à classe média em geral;
- um caráter reformista, tendo em vista a promoção da integração nacional (a classe média e a trabalhadora) e o desenvolvimento (com medidas redistributivas inclusivas).

Em geral, os estudos que vão até os anos 1980 enquadram o populismo brasileiro com base na experiência do regime de 1946-1964, do ponto analítico principal do impacto das transformações sociais que afetavam o mundo rural e a consequente urbanização das massas. Mais recentemente, os historiadores brasileiros passaram a desqualificar o uso do termo. Sobretudo, questionaram a noção central da dinâmica populista, isto é, a relação entre líderes políticos e massas urbanas; estas últimas seriam manipuladas ou fortemente dependentes do controle estatal (Gomes, 2015). Passou-se a criticar a ideia de uma classe trabalhadora inerte e passiva e de um Estado todo-poderoso que atuava impondo as decisões de cima para baixo. Nesse contexto, o historiador Jorge Ferreira (2001, p. 110), um dos autores mais prolíficos sobre o tema, sentencia que o populismo "parece entrar em colapso".

Entretanto, o diagnóstico não se confirmou. Desde então, a doutrina tem dado passos significativos para ir além da ideia de que o populismo se restringe a uma questão relacional. Como enfatizado recentemente por Matthijs Rooduijn (2014), os autores mundo afora têm convergido no entendimento de que haveria um núcleo duro do conceito, um denominador comum, de modo que – assim como para a democracia – seria possível defender uma definição mínima de *populismo*. Em particular, argumenta-se que o elemento central do conceito se encontra na contraposição entre dois polos e a disputa entre dois grupos homogêneos e antagônicos: o povo "puro" e a elite "corrupta" (Mudde; Kaltwasser, 2012; Mudde, 2007; Weyland, 2001). O ponto de partida, aqui, é o *discourse theory approach* de Ernesto Laclau (2005), em que o populismo é pensado com base em uma dimensão performática das ideias. Ou seja, é entendido como ato performativo que se manifesta em discursos e cujo propósito é a construção de identidades coletivas. É justamente a contraposição e a dicotomia entre dois grupos – os detentores do poder e uma massa indeterminada que não se sente representada – que viabilizariam a sedimentação na sociedade dessas identidades coletivas.

Essa forma de entender o populismo é o ponto de partida para estudar os partidos populistas (Mudde, 2007), os programas (Rooduijn; De Lange; Van Der Brug, 2014), as atitudes populistas entre os eleitores (Akkerman; Mudde; Zaslove, 2014) ou os discursos dos políticos (Bonikowski; Gidron, 2016; Hawkins, 2009). Nessa interpretação, o populismo se define pela contraposição entre povo e elite, com uma clara disputa antagônica entre os dois lados. Nessa disputa, porém, um elemento deve ser destacado: o populismo não é apenas uma mera crítica às elites, mas incorpora uma concepção maniqueísta da sociedade. Assim, o povo adquire semblantes positivos, é sempre valorizado, e a elite é má, opressora, usurpadora das vontades coletivas populares.

(5.2)
O POPULISMO É UMA IDEOLOGIA?

A relativa aceitação entre os estudiosos do significado do termo *populismo* não encerrou o debate sobre as características do fenômeno. Para alguns, o populismo é uma mera estratégia discursiva adotada pelos políticos para alcançar o poder e ganhar apoio da sociedade. De acordo com essa abordagem, o que importa não é o conteúdo das políticas ou o estilo de discurso empregado pelos atores políticos, mas, sim, a relação desses atores com seus eleitores (Bonikowski; Gidron, 2016; Weyland, 2001). A principal crítica que se faz a essa abordagem é a de enfatizar o papel do líder, desconsiderando o conteúdo do discurso. Moffitt (2020) defende que o populismo é um estilo político. Centrada nos efeitos performativos da política, a abordagem acaba por privilegiar os elementos comunicativos (Jagers; Walgrave, 2007), relegando o populismo a um estilo de comunicação que se destaca pela força e pela capacidade do populista em expressar publicamente suas ideias.

A maioria dos estudiosos, porém, considera o populismo como uma ideologia *thin*. Argumenta-se que é um fenômeno que acaba por enquadrar a sociedade, separando-a em dois grupos homogêneos e antagônicos – o povo puro contra a elite corrupta –, sustentando que a política deveria ser uma expressão da vontade geral do povo (Mudde, 2007). Nesse sentido, é uma ideologia por carregar um conjunto de valores, ideias e uma visão do mundo que um político ou os partidos defendem em praça pública, no dia a dia. Isso significa que as pautas e as propostas não são apenas contextuais – por exemplo, defendendo uma reforma do sistema sanitário ou da educação –, mas carregam uma forte conotação ideal, de como a sociedade deveria ser organizada. É, porém, *thin*, pois é menos totalizante que o liberalismo, o fascismo e o socialismo. Logo, o populismo incorpora outras "ideologias" e carrega outros elementos ideológicos, confundindo-se com eles.

Em particular, a literatura sobre populismo tem alertado a respeito da possível interseção com outros conceitos (Rooduijn, 2019; De Cleen, 2017; Mudde; Kaltwasser, 2017; Caiani; Della Porta, 2011). Isso é evidente quando analisamos partidos de extrema-direita europeia ou americana, nos quais as tensões sobre o tema da imigração são predominantes (Caiani; Della Porta, 2011). Ou seja, conforme Stavrakakis et al. (2017), nem sempre o populismo é um aspecto dominante, reconhecendo-se a prioridade dos temas nacionalistas e xenófobos, elementos anti-imigrantistas e, em geral, exclusivistas no discurso desses partidos.

Para distinguirmos *populismo* de *nacionalismo*, podemos afirmar que o primeiro remete à distinção entre dois grupos, imaginados em um eixo vertical, como povo e elites. Essas elites têm perfis diferentes (políticos, empresários, oligarquias, intelectuais, burocratas etc.), e a percepção é que detêm algum poder, usurpando o povo.

No nacionalismo, a contraposição seria no plano horizontal, isto é, entre dois grupos que compõem o povo. Assim, por exemplo, nós *versus* outros representa a clássica distinção entre os cidadãos de um país e os imigrantes cuja identidade é hostilizada.

O nacionalismo, porém, é um fenômeno complexo, cujas dimensões principais podem ser identificadas em três tipos de discursos:

- O **nativismo**, que, de acordo com Mudde (2017), é, junto com o autoritarismo e o populismo, uma característica dos partidos populistas de extrema-direita. Na Europa, o nativismo tem se direcionado contra os imigrantes, mas também tem combinado elementos étnicos, religiosos e raciais. Portanto, nesse caso, a nação é o conceito-chave do nacionalismo. Ou seja, uma comunidade soberana limitada geograficamente e ao longo do tempo que se define em oposição a outras comunidades (De Cleen, 2017).
- O **soberanismo**, entendido como o apelo à nação feito em oposição às instituições supranacionais (Basile; Mazzoleni, 2019). Por exemplo, a diatribe internacional em torno da Amazônia durante o governo Bolsonaro (centrada na crítica de como o governo tratava a questão indígena e as políticas ambientais) tem dado novo impulso ao discurso que rechaça as interferências dos países e dos órgãos internacionais em nome da soberania brasileira. Na Europa, partidos de esquerda e de direita convergem quando apresentam argumentos populistas e soberanistas para criticar a Comunidade Europeia (Ivaldi; Lanzone; Woods, 2017).
- O **nacionalismo civilizatório**, que não se trata de valorizar atitudes estritamente religiosas, mas de defender um certo tipo de identidade cultural perante alguns grupos. Nos Estados Unidos, prevalece a defesa de republicanismo cívico e cultural, de uma identidade coletiva secularizada e da crença de que as práticas

religiosas não têm lugar na vida pública (Simonsen; Bonikowsky, 2020). Algumas dessas características transparecem no discurso do ex-presidente brasileiro Jair Bolsonaro, que trouxe para o debate a ameaça aos valores tradicionais da comunidade nacional, valorizando a família, o respeito às religiões e à nossa tradição. Esse tipo de nacionalismo é, porém, variegado. O partido Alternative für Deutschland (AfD), da Alemanha, faz do antigenderismo um elemento central de seu manifesto (Keil, 2020). Em geral, foi observado que a incorporação das questões de gênero nos manifestos dos partidos populistas da Holanda e de Flandres (De Lange; Mügge, 2015) chegou a afetar outros temas de tal forma que as políticas contra os imigrantes não são mais preponderantes.

Feita as devidas distinções conceituais entre populismo e nacionalismo, vejamos alguns exemplos de discursos populistas e nacionalistas de líderes políticos, de modo a sanar eventuais dúvidas:

> Estamos negociando há um ano: quem não quer [a autonomia] premia os políticos, os ladrões e os incapazes do Sul que deixaram metade do país em condições atrasadas, dizendo que sempre foi culpa dos outros. (Salvini, 2019, tradução nossa)

O trecho anterior relata a posição de Matteo Salvini em 2019, na época Ministro do Interior, quanto ao tema da reforma das instituições locais. Salvini é líder da Liga Norte, um partido de extrema-direita de tipo nativista, soberanista e favoravelmente orientado em defesa de políticas antiglobalização. Na citação, a contraposição entre povo e elites é visível na dicotomia "culpados" (identificados nos políticos), "ladrões" e "incapazes do Sul" *versus* "país". Ou seja, o país é um elemento único, e as elites adquirem semblantes claramente identificáveis.

> As elites econômicas, jornalísticas, políticas, oficiais, militares dirigem o Estado contra a legalidade do Estado. Eles compõem o bloco de poder espanhol, uma oligarquia de grandes sobrenomes permanentes na história da Espanha. (Iglesias, 2022, tradução nossa)

Em sua fala, Pablo Iglesias, o líder espanhol do Podemos, contrapõe o Estado a diferentes elites, não apenas políticas. É possível notar que, diferentemente de Salvini, Iglesias agrupa essas elites na categoria única de *oligarquia*. Isso mostra a variedade da linguagem populista, isto é, como os termos utilizados para qualificar o povo e desqualificar as elites variam entre os líderes populistas.

> Estou cada vez mais convencido de que há uma clara tentativa de substituição étnica de povos por outros povos. Não se trata de uma imigração de emergência, mas de uma imigração organizada que tende a substituir etnicamente o povo italiano por outros povos, os trabalhadores italianos por outros trabalhadores [Matteo Salvini]. (TgCom24, 2017, tradução nossa)

O trecho reporta outra posição pública de Salvini quanto à questão dos imigrantes, cujo favorecimento por parte de organizações não governamentais (ONGs) visaria minar economicamente os sistemas italiano e europeu. Nesse caso, o elemento nativista domina a afirmação do líder de extrema-direita italiano.

> A região amazônica não pode continuar em risco de ser internacionalizada. É um patriotismo da nossa parte, é uma preocupação sim de nós mantermos [sic] aquela área sob nosso domínio. [Jair Bolsonaro, em declaração à imprensa após assinatura de ato em Santiago, Chile] (Bolsonaro, 2019a)

A ênfase soberanista está claramente posta nos termos da defesa da soberania na região amazônica. Frente às críticas internacionais e correndo o risco de possíveis sanções impostas por países europeus, Bolsonaro reagiu atacando as ONGs, que, para ele, comandariam os crimes ambientais no Brasil e no exterior.

> Falei muito e falei pouco, dá para mudar o Brasil, pessoal, dá para mudar. Eu vejo aí, o povo humilde, muitas vezes desempregado, a gente vê no semblante das pessoas, que não foi dado uma qualificação para ele, por quê? Na escola a preocupação é ideologia de gênero. Essas merdas que nego faz o tempo todo e muita gente tem (...) de mandar tocar fogo nesse material na escola. Um dos primeiros livros sobre ideologia e gênero, eu peguei aqui em Miracatu aqui, na Eldorado. A patifaria aí que ensina a criança a ser o que ela não é. E cada vez mais sem conhecimento.
> [Jair Bolsonaro, em discurso durante almoço em Miracatu, São Paulo]
> (Bolsonaro, 2019b)

Nesse último exemplo, a questão civilizatória é marcada pelas posições contra a ideologia de gênero e o resgate dos valores cristãos. Não se trata de uma postura isolada, mas bastante difundida entre vários partidos de extrema-direita na Europa. Por exemplo, o antigenderismo é um tema central do programa do AfD, da Alemanha (Keil, 2020).

(5.3) Tipos de populismo

A ascensão do populismo no continente europeu é um fenômeno recente que inicialmente foi associado aos partidos de extrema-direita e a um reflexo direto da crise dos partidos tradicionais – uma crise de representação, reconhecida no enorme distanciamento entre partidos tradicionais e eleitores. A tabela a seguir apresenta alguns dados da última década de resultados eleitorais e cadeiras conquistadas pelos partidos europeus considerados populistas.

Tabela 5.1 – Partidos populistas europeus: resultados e cadeiras conquistadas

País	Partido populista	Ideologia	Ano eleitoral	% votos	% cadeiras
Alemanha	Die Linke AfD	Esquerda Direita	2021	4,9 10,3	5,3 11,3
	Die Linke AfD	Esquerda Direita	2017	9,2 12,6	9,7 13,6
	Die Linke AfD	Esquerda Direita	2013	8,6 4,7	10,1 0
Áustria	Partido da Liberdade	Direita	2019	16,2	16,9
	Partido da Liberdade	Direita	2017	26	27,9
	Partido da Liberdade	Direita	2013	20,6	21,9
	Team Stronach Alliance for the Future	Direita		5,7 3,5	6,0 0
Bélgica	Flemish Block	Direita	2019	12	12
	List Dedecker	Direita	2014	3,7 0,4	2 0
Dinamarca	Danish Peoples Party	Direita	2019	8,7	8,9
	Danish Peoples Party	Direita	2015	21,1	20,7
	Danish Peoples Party	Direita	2011	12,3	12,3
Espanha	Vox Podemos	Direita Esquerda	2019-nov.	15,1 12,8	14,9 10
	Vox Podemos	Direita Esquerda	2019-abr.	10,3 14,3	6,9 12
	Podemos	Esquerda	2016	21,1	20,3
Finlândia	Finns Party	Direita	2019	17,5	19,5
			2015	17,7	19,0
			2011	19,1	19,5

(continua)

(Quadro 5.1 – continuação)

País	Partido populista	Ideologia	Ano eleitoral	% votos	% cadeiras
França	La France Insoumise	Esquerda	2017	11	2,9
	Front National	Direita		13,2	1,4
	Debout la France	Conservador		1,2	0,2
	Parti Communiste Français	Esquerda		2,7	1,7
	Front National	Direita	2012	13,6	0,6
	Parti Communiste Français	Esquerda		6,9	1,7
Grécia	Syriza	Esquerda	2019	31,5	28,7
	Syriza	Esquerda	2015-set.	35,5	48,3
	Anel	Direita		3,7	3,3
	Syriza	Esquerda	2015-jan.	36,3	49,7
	Anel	Direita		4,8	4,3
	Syriza	Esquerda	2012	26,9	23,7
	Anel	Direita		7,5	6,7
Itália	Irmãos de Itália	Direita	2022	26,0	29,8
	Liga Norte	Direita		8,8	16,5
	Movimento Cinco Estrelas	Mista		15,4	16,7
	Liga Norte	Direita	2018	17,4	19,7
	Movimento Cinco Estrelas	Mista		33,3	36,0
	Irmãos de Itália	Direita		4,4	5,2
	Liga Norte	Direita	2013	4,1	2,9
	Movimento Cinco Estrelas	Mista		25,9	17,3
	Irmãos de Itália			2	1,4
Noruega	Partido do Progresso	Direita	2021	11,6	14,8
	Partido do Progresso	Direita	2017	15,2	16,0
	Partido do Progresso	Direita	2013	16,3	17,2

(Quadro 5.1 – conclusão)

País	Partido populista	Ideologia	Ano eleitoral	% votos	% cadeiras
Portugal	Chega	Direita	2022	7,3	5,2
	Chega	Direita	2019	1,9	0,4
Suécia	Partido dos Democratas Suecos	Direita	2022	20,5	20,9
	Partido dos Democratas Suecos	Direita	2018	17,5	17,8
	Partido dos Democratas Suecos	Direita	2014	12,9	14,0
	Partido dos Democratas Suecos	Direita	2010	5,7	5,7

Fonte: Elaborado com base em ParlGov Project, 2023.

A tabela traz algumas informações interessantes. Primeiramente, a proporção de cadeiras conquistadas (última coluna) é significativa em quase todos os países, com a exceção da França e de Portugal. Na França, o sistema eleitoral majoritário explica a desproporção entre votos obtidos e cadeiras conquistadas. Portugal é um caso interessante também, pois era considerado, até recentemente, o único país europeu sem partidos populistas. Fundado em 2018, o partido Chega se apresentou no pleito daquele ano conquistando uma vaga, e na eleição seguinte já alcançou níveis expressivos de consensos eleitorais. Podemos dizer que se trata de um partido em ascensão.

Em vários países, ainda que os partidos populistas não tenham conquistado a maioria absoluta para governar (50% + 1), importa reconhecermos que o número de cadeiras nos respectivos parlamentos lhes garante certo poder de barganha no momento pós-eleitoral, isto é, na formação de coalizões governamentais. Salvo poucas exceções, a maioria dos governos na Europa são coalizões de vários partidos.

Para montar uma base parlamentar sólida, não é incomum que os partidos tradicionais incorporem, na coalizão, as forças populistas, como já aconteceu com o Finns Party (Finlândia), o Partido da Liberdade (Áustria) ou, ainda, como ocorre na Grécia e na Itália, onde os populistas são o primeiro partido em força parlamentar.

Esses dados, porém, não dizem muito sobre as características ideológicas dos partidos populistas. São, de fato, partidos extremistas quando vistos em comparação aos partidos tradicionais? Pesquisa recente procurou mensurar o nível ideológico dos partidos populistas nos manifestos partidários (Rooduijn; Akkerman, 2017). A defesa do povo e a crítica maniqueísta às elites seria um indício de atitudes populistas. Os autores mostram que o populismo está presente nos partidos extremos, seja de esquerda radical, seja de direita radical, conforme o gráfico a seguir sintetiza de forma clara (Rooduijn; Akkerman, 2017).

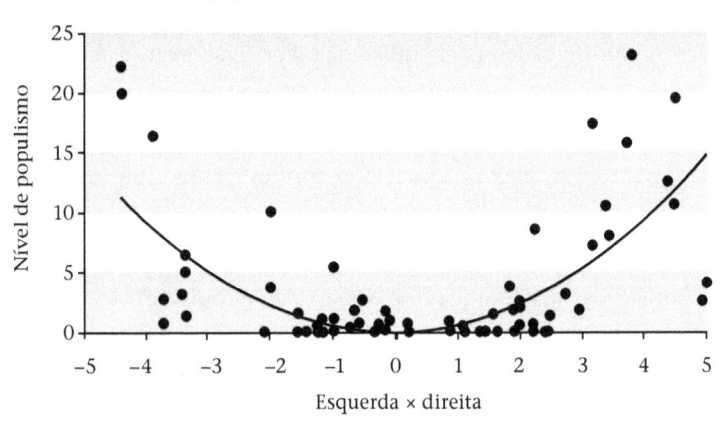

Gráfico 5.1 – Níveis de populismo por ideologia

Fonte: Rooduijn; Akkerman, 2017, p. 198.

Para alguns, a existência dos populistas nas extremidades do espectro ideológico supera o tradicional esquema horizontal direita-esquerda. Os embates político-ideológicos seriam percebidos como conflitos entre classes populares e classes dominantes, estas últimas acusadas de serem corruptas e, mais geralmente, de sempre agir contra os interesses do povo (Canovan, 1999). Para outros, porém, a conotação populista desses partidos não acaba com as diferenças ideológicas entre eles. Em particular, para Mudde e Kaltwasser (2013), o populismo tem caráter inclusivo ou excludente.

Visto sob esse ângulo, muitos dos partidos de extrema-direita populistas apresentam agendas excludentes, pois defendem determinadas pautas – contra os imigrantes, a burocracia (e o Estado ineficaz), os intelectuais e os grupos de interesses (*lobby*) – que limitam ou restringem a participação cidadã. Nesse caso, populismo e nacionalismo se confundem, como na defesa de políticas públicas contra os imigrantes e os trabalhadores estrangeiros. Já na América Latina e em alguns países europeus, o populismo tem atributos mais inclusivos, na medida em que a dimensão crucial que define a dicotomia povo-elites se dá na tentativa de integrar os primeiros e aproximar-se dos segundos. A defesa de agendas políticas em prol da maior integração social, como no caso da diminuição da pobreza e das políticas de inclusão das classes pobres (via distribuição de recursos estatais e programas do governo), bem como de políticas mais amplas (democracia direta), são exemplos de temas defendidos por populistas de esquerda.

Em geral, podemos dizer que o populismo é um fenômeno duradouro e, portanto, não pode ser pensado como evento esporádico. Tem forte apelo popular, e o apoio dos eleitores não é desprezível. Na Europa, por exemplo, o populismo se configura em uma relação forte entre eleitores e partidos políticos tanto de extrema-direita (Mudde,

2007) quanto de extrema-esquerda (March, 2011) ou em partidos que são de difícil classificação no espectro ideológico, como o Movimento Cinco Estrelas, na Itália. Os números não deixam dúvidas: em 2018, o apoio aos partidos populistas era extremamente elevado em alguns países (68% na Hungria, 51% na República Checa, 52% na Polônia, 50% na Itália, 44% na Bulgária e 39% na França) e não desprezível em outros (25% na Holanda, 23% na Alemanha e 22% na Áustria). Em geral, cerca de 30% dos eleitores europeus escolhem um partido populista na hora do voto (Boros et al., 2018). Se, como discutimos anteriormente, o populismo carrega algum viés ideológico, logo, sua manifestação entre os eleitores é preocupante, pois o tema central na linguagem populista – o discurso de nós *versus* outros – estimula uma divisão da sociedade que pode gerar polarização.

A literatura, em grande parte, afirma que o populismo é uma reação ao fracasso dos partidos tradicionais em responder adequadamente a uma série de fenômenos, como a globalização econômica e cultural, a velocidade e a direção da integração europeia, a imigração, o declínio das ideologias e da política de classe e a exposição da corrupção da elite (Albertazzi; McDonnell, 2007). Outros têm ponderado que, se esses fatores são centrais, mais relevantes são os mecanismos que permitem que o eleitor mediano se mobilize contra as elites tradicionais em favor de partidos que também endossam essa crítica. No caso, as redes sociais teriam revolucionado o cenário político, fazendo explodir a imprevisibilidade eleitoral.

Na sequência, trataremos do caso brasileiro, dando ênfase às eventuais diferenças e similaridades com o caso europeu.

(5.4)
O POPULISMO NO BRASIL

Como já vimos anteriormente, o populismo no Brasil não é em evento desconhecido. Na abordagem clássica, é associado aos líderes políticos dos anos 1940 e 1950, como Getúlio Vargas e Adhemar de Barros, em São Paulo. Vimos que uma abordagem mais recente valoriza as *performances* discursivas dos líderes políticos.

No caso de Vargas, despontam três aspectos em seus pronunciamentos oficiais; a seguir, vejamos três citações extraídas dos discursos oficiais que clareiam o ponto. As palavras em **bold** destacam a contraposição explicitada no discurso entre povo (marcado com +) e elite (marcado com –). Os termos maniqueístas estão sublinhados.

Vamos, portanto, ao primeiro discurso de Getúlio Vargas após a Revolução de 1930, que se constitui em um ataque ao regime anterior:

> Os **partidos políticos** (–), como intérpretes do pensamento nacional, haviam desaparecido. Os processos de representação abastardavam-se.
>
> As **eleições** (–) transformaram-se, aos poucos, em verdadeira burla: os **eleitores** (+) votavam sem liberdade de escolha, ou a ata falsa substituía, sumariamente, a vontade do **eleitorado** (+). [Pronunciamento de Getúlio Vargas de 14 de maio de 1932] (Vargas, 1932, p. 6, grifos nossos)

Nessa fala, emerge claramente uma crítica ao regime anterior. Especialmente, a ênfase recai sobre o processo eleitoral, incapaz, segundo Vargas, de ser de fato representativo, em virtude das fraudes que dominavam as eleições.

Posteriormente, no final dos anos 1930, o inimigo seria outro: os comunistas e a sua ideologia. Vejamos o segundo discurso:

> Em flagrante oposição e inadaptável ao grau de cultura e ao progresso material do nosso tempo, o **comunismo** (–) está condenado a manter-se em atitude de permanente violência, <u>falha de qualquer sentido construtor e orgânico</u>, isto é, subversiva e <u>demolidora</u>, visando, por todos os meios, <u>implantar e sistematizar a desordem</u>, para criar, assim, condições de êxito e oportunidades que lhe permitam empolgar o poder afim de exercê-lo <u>tiranicamente</u>, em nome e em proveito de um **pequeno grupo de ilusos** (–), de <u>audazes e de exploradores</u>, contra os interesses e com o sacrifício dos mais sagrados direitos da **coletividade** (+). [Pronunciamento de Getúlio Vargas de 1º de janeiro de 1936] (Vargas, 1936, p. 140, grifos nossos)

Por fim, já nos anos 1940, a atenção de Vargas se volta para os trabalhadores do Brasil. Nesse sentido, o apelo é mais popular, voltado às massas:

> Embora deixados ao abandono, os nossos **trabalhadores** (+) souberam resistir às influências <u>malsãs</u> dos **semeadores de ódios** (–), a serviço de velhas e novas ambições de **poderio político** (–), consagrados a <u>envenenar</u> o sentimento brasileiro de fraternidade com o <u>exotismo</u> das **lutas de classes** (–). [Discurso do dia do Trabalho, em 1º de maio de 1940] (Vargas, 1940, p. 294, grifos nossos)

Os exemplos anteriores sugerem que o líder populista pode variar seu discurso no tempo, adaptando-o a eventos e contextos políticos diferentes. Dados mais organizados foram sistematizados para os presidentes em época recente, reconhecendo que três presidentes têm conotações populistas: Fernando Collor, Lula e Jair Bolsonaro (Ricci; Izumi; Moreira, 2021).

O primeiro, Collor, é um populista de estilo neoliberal cujo apelo contra a burocracia estatal – em seu estado, quando governador, extinguiu secretarias, não pagou salários a procuradores, promotores e consultores do governo, entre outras ações – lhe rendeu o título de Caçador de Marajás (Tavares, 1998).

Lula é um caso mais ambíguo e difícil de ser analisado. Em texto seminal sobre o populismo no contexto latino-americano, Kirk Hawkins (2009) atribui a Lula o mesmo nível de populismo – medido pelos discursos presidenciais – do então líder britânico Tony Blair. Portanto, Lula não seria populista. Já para Ricci, Izumi e Moreira (2021), ganha destaque, para o líder do Partido dos Trabalhadores, a contraposição entre rico e pobre, expressão de um populismo inclusivo típico da América Latina e diferente do europeu (Mudde; Kaltwasser, 2013).

Quanto a Bolsonaro, é possível refletir sobre dois aspectos do populismo dele. Em primeiro lugar, *povo* e *Brasil* são os dois termos que emergem com mais frequência nos discursos oficiais do ex-presidente. Nesse aspecto, a linguagem é similar a tantos outros populistas que apelam para a sociedade sem bases sociais definidas (Canovan, 1999). Quanto às elites, Bolsonaro acusa o partido de Lula de algumas maneiras: diretamente, quando menciona *PT* (abreviatura de *Partido dos Trabalhadores*); indiretamente, quando usa termos como *comunismo, socialismo, política de esquerda, ideologia*, e nos momentos em que acusa os políticos de estarem distantes do povo e dos brasileiros. Em segundo lugar, temos a interseção com elementos nacionalistas de caráter soberanista e civilizatório. A citação a seguir mostra isso de forma clara:

> quando nasci, nós nascemos em [19]55, nossos pais disseram o quê? É homem! É ou não é? É homem, vai jogar futebol, vai... não sei, qualquer coisa aí, mas é homem. E não hoje, como querem ainda muitos, se o PT tivesse continuado com toda certeza estaria bastante avançado isso:

o sexo é uma construção social. Ah, vai plantar cebolinha onde você bem entender. [Fala do Presidente da República Jair Bolsonaro, durante culto especial de comemoração de 25 anos da Igreja Fonte da Vida, em Brasília] (Bolsonaro, 2019d)

governos anteriores que após reuniões como essa vinham para cá e demarcavam dezenas de áreas indígenas, demarcavam quilombolas, ampliavam áreas de proteção, ou seja, dificultavam cada vez mais o nosso progresso aqui no Brasil. [Discurso do Presidente da República Jair Bolsonaro, durante café da manhã com ministros e parlamentares] (Bolsonaro, 2019c)

Os dois discursos aproximam Bolsonaro a outros líderes de extrema-direita na Europa. O primeiro deles enfatiza uma posição em defesa da moral cristã e dos valores tradicionais da família brasileira, combatendo a "ideologia de gênero", estrategicamente apresentada como uma "ideologia nefasta", que ameaça as crianças, o casamento, a ordem natural das coisas e os valores nacionais. Em anos mais recentes, em linha com outros países latino-americanos (Corrales, 2020), grupos conservadores, sobretudo evangélicos, Bolsonaro tem se mobilizado para dificultar a implementação de políticas ou até reverter direitos conquistados em nível estadual e local (Alves; Segatto; Pineda, 2021; Payne; Santos, 2020). Já o segundo discurso tem conotações soberanistas. Pronunciado no momento de crise nas relações internacionais devido ao desmatamento na Amazônia, a questão é posta em termos civilizatórios, e o principal instrumento de tutela do índio – a demarcação das terras – é fortemente atacado.

Quanto ao caso europeu, importa enfatizar que os partidos brasileiros não são identificados como populistas. Por um lado, no caso de Bolsonaro e Collor, isso se explica pela relação fraca entre eles e os respectivos partidos. Collor se elegeu em 1989 pelo Partido da

Reconstrução Nacional (PRN), que teve vida efêmera, já sem apoiadores nas eleições municipais de 1992. O mesmo pode ser observado no caso de Bolsonaro, que, após um ano de governo, desfiliou-se da sigla pela qual tinha sido eleito (Partido Social Liberal – PSL). No caso do PT, há consenso em reconhecer sua força política, que, porém, não apresenta elementos populistas tão evidentes quanto outras forças de esquerda na Europa.

A cisão clara entre partido e líder pode ter sido em parte reforçada pelas próprias mídias sociais, que cada vez mais exercem um papel determinante na formação de opiniões vinculadas às *performances* individuais dos políticos e menos aos partidos.

(5.5)
POPULISMOS E AMEAÇA À DEMOCRACIA

Para Mouffe (2018), o populismo contribui para o fortalecimento da democracia representativa, por exemplo, aumentando a participação popular das esquerdas contra o avanço dos partidos de direita, que defendem políticas excludentes. Esse "populismo de esquerda" trabalha para restaurar a democracia e fortalecê-la dando centralidade ao povo – entendido de forma plural, como conjunto de trabalhadores, imigrantes, classe média baixa e grupos minoritários, como LGBTQIAP+ –, em contraste com as oligarquias no poder. Em sintonia com Laclau (2005), Mouffe (2018) entende o populismo como uma forma de fazer política. Valorizando o *demos*, o discurso populista pode ser útil para desestabilizar as democracias ao atacar as elites políticas. Em particular, a autora defende uma estratégia populista de esquerda que valorize as necessidades do povo, seus problemas, oferecendo soluções reais para não ficar na mera retórica da denúncia. Para Mouffe (2018), os partidos Syriza, na Grécia, La France Insoumise, liderado por Jean-Luc Mélenchon na França, e New Labour, de Jeremy Corbyn, são exemplos de partidos que conseguiram colocar em prática algumas medidas nessa direção.

A maioria dos autores, porém, associa o populismo (e as demais ideologias próximas, como o nacionalismo e o soberanismo) à crise da democracia e, em particular, à estabilidade democrática (Rosanvallon; Goldhammer; 2008; Urbinati, 1998). Não é incomum o líder populista se apresentar como um *outsider* que atua contra a elite político-representativa tradicional, constituída pelos políticos e pelos partidos políticos, ou contra o Congresso Nacional. Várias vezes, Hugo Chávez acusou o sistema partidário venezuelano de atender aos interesses de poucos; usava o termo *partidocracia* para denominar os partidos tradicionais. A criação de partidos populistas, portanto, não apenas tem o propósito de competir em um sistema partidário dominado por partidos tradicionais, mas também de ameaçá-lo, de ser uma alternativa real aos partidos (Roberts, 2017). Em muitos casos, os líderes populistas latino-americanos têm tido uma relação conturbada e crítica com os parlamentos. No poder, tais líderes buscam reformar os parlamentos, atuando nos limites da constitucionalidade e da legalidade (Müller, 2017). Em síntese, o líder populista tende a se posicionar além do sistema representativo, distanciando-se dos partidos tradicionais e, inclusive, clamando por reformas políticas profundas. A essência do argumento é que a eventual posição antipluralista do populismo impacta a qualidade da democracia.

Algumas diferenças entre os autores têm de ser observadas. Para De Cleen (2017), por exemplo, o populismo tanto inclusivo quanto o excludente são antagônicos da mesma forma perante a elite (percebida como inimiga), mas apenas o segundo ameaça de fato a democracia. A identificação do imigrante como inimigo por seus traços culturais, raciais e sociais contribui para a polarização política e, em última instância, para o surgimento de conflitos sociais de difícil administração por parte do Estado.

Riera e Pastor (2022) reconhecem que a atuação parlamentar dos populistas é bastante limitada. No caso dos regimes presidencialistas latino-americanos, devemos reconhecer que a força e a capacidade de agir do presidente encontram fortes limites em um aspecto do funcionamento das democracias: a necessidade de formar governos com partidos tradicionais, pois dificilmente um partido populista conquista 50% + 1 das cadeiras para governar de forma autônoma. O argumento é válido para o caso brasileiro. De um lado, temos a fragmentação partidária elevada do Congresso Nacional, que impõe ao presidente a necessidade de construir coalizões com partidos não populistas para aprovar suas políticas; de outro, a ausência de uma identificação forte entre os eleitores e o partido do presidente. Paradoxalmente, os aspectos que sempre constituíram fonte de críticas à democracia no Brasil, isto é, a baixa identificação partidária e a fragmentação partidária registrada no Congresso Nacional, acabaram por mitigar (em alguns casos, anulando-as) as tendências populistas dos presidentes brasileiros.

Síntese

Neste quinto capítulo, discutimos o avanço dos partidos populistas a partir dos anos 1980. Primeiramente, apresentamos o debate sobre o conceito de populismo. Mostramos que, hoje em dia, os estudiosos têm convergido no entendimento de que haveria um núcleo duro do conceito, um denominador comum, o que permitiria estabelecer uma definição mínima de populismo. Em particular, o elemento central do conceito se encontraria na contraposição entre dois polos e a disputa entre dois grupos homogêneos e antagônicos: o povo "puro" e a elite "corrupta". Nisso, autores divergem quanto ao fenômeno: para alguns, o populismo é uma mera estratégia discursiva, enquanto para outros, uma ideologia, ainda que menos expressiva e complexa se comparada com o liberalismo ou o totalitarismo.

Também ressaltamos que o populismo se apresenta em muitos países como um fenômeno cuja importância está vinculada à atuação dos partidos. As forças populistas incorporam esse discurso dicotomizante, entre o bem e o mal, que é fortemente atrelado a partidos de extrema-direita e de extrema-esquerda. Esse quadro seria o reflexo da crise de representação que caracteriza as democracias contemporâneas, nas quais os partidos tradicionais passam a perder adeptos e seguidores por serem incapazes de atender às demandas da sociedade.

O próximo capítulo amplia o debate sobre a democracia representativa com a apresentação de algumas possíveis alternativas para viabilizar formas participativas mais inclusivas, que estimulem novas formas de representação política.

Questões para revisão

1. Quais os principais argumentos apresentados pelos historiadores brasileiros para desqualificar o uso do termo *populismo*?

2. Assinale a alternativa **incorreta**:
   a) Para os estudiosos, o populismo é um fenômeno histórico que, no Brasil, remete ao período pós-Revolução de 1930.
   b) Getúlio Vargas, Fernando Collor e Jair Bolsonaro, no Brasil, Donald Trump e Hugo Chávez são considerados líderes populistas pelos estudiosos.
   c) Um elemento central da definição de populismo é sua concepção maniqueísta da sociedade.

d) Ainda hoje, grande parte dos estudiosos concorda com a afirmação de Isaiah Berlin, para quem eram inúteis as inúmeras tentativas de se encontrar uma definição objetiva para o populismo.

e) Quem defende que o populismo é um estilo político entende que as manifestações populistas estão centradas nos efeitos "performativos" da política.

3. Qual a distinção conceitual entre populismo e nacionalismo?

4. Assinale a alternativa correta:
   a) Todos os partidos populistas são de direita e de extrema-direita.
   b) A maioria dos partidos populistas são de extrema-esquerda e de extrema-direita.
   c) Na América Latina e em alguns países europeus, o populismo tem atributos mais excludentes.
   d) Os partidos brasileiros e seus líderes são identificados como populistas.
   e) A maioria dos autores não associa o populismo à crise da democracia, enxergando aspectos positivos do populismo em termos de participação política.

5. Identifique se as afirmações a seguir são verdadeiras (V) ou falsas (F).
   ( ) Apesar do forte apelo e apoio na sociedade, os partidos populistas encontram dificuldades dentro do parlamento, pois dificilmente conquistam 50% + 1 das cadeiras, para governar de forma autônoma.
   ( ) De acordo com Weffort (1980), são três as características do populismo: a capacidade de mobilizar as massas por

meio de um líder carismático; a presença de uma coalizão heterogênea que visa à classe média trabalhadora, mas também à classe média em geral; o caráter conservador que tutela as elites oligárquicas.
( ) Vargas, Lula, Collor e Bolsonaro são considerados líderes populistas.
( ) O fenômeno do populismo incorpora um forte apelo popular, e o apoio dos eleitores não é desprezível.

Agora, marque a alternativa que corresponde à sequência correta:

a) V, F, F, F.
b) F, V, V, F.
c) V, F, V, V.
d) V, V, F, V.
e) V, V, V, V.

Questão para reflexão

1. O Brasil é um país que apresenta um nível significativo de líderes populistas. Considerando a experiência recente, pós-1988, e o debate sobre a crise da democracia, pense e articule uma distinção entre Collor, Lula e Bolsonaro e, sobretudo, apresente os riscos para a democracia que essas lideranças trouxeram para o país.

Capítulo 6
A democracia e as novas
formas de representação
política

Conteúdos do capítulo:

- Democracia consensual.
- Representação das minorias éticas.
- Representação das mulheres na política.
- Democracia direta.
- Democracia direta nos partidos políticos.

Após o estudo deste capítulo, você será capaz de:

1. entender a diferença entre democracia representativa e democracia direta;
2. compreender que democracia participativa, direta e deliberativa são conceitos que remetem a fenômenos distintos;
3. perceber que decisões em prol das minorias não necessariamente produzem resultados positivos;
4. identificar diversas medidas para reduzir e atenuar o *gap* entre representantes e representados em democracias contemporâneas.

Nos capítulos anteriores, o debate sobre o governo representativo foi apresentado privilegiando algumas dimensões institucionais clássicas, como o sufrágio universal, os sistemas eleitorais, as regras sobre o voto secreto e as ações que reduzem fraudes no processo eleitoral. Nossa discussão tem dado ênfase ao papel dos partidos como organizações que monopolizam as disputas eleitorais e estruturam as relações com os eleitores.

Desde os anos 1970, vários estudiosos têm analisado possíveis caminhos para reformar as instituições representativas. Reconhecendo a crise dos partidos, assim como o distanciamento entre sociedade e parlamentos, autores têm defendido novos arranjos e novas formas participativas.

Este capítulo, portanto, dedica-se ao estudo das propostas que podem se enquadrar em duas categorias distintas. A primeira categoria refere-se às iniciativas que visam adotar algum mecanismo de reforma das instituições clássicas, como novas leis eleitorais que facilitem e permitam o ingresso das minorias, e à questão das minorias étnico-linguísticas e das mulheres. Em ambos os casos, trata-se de reformas que não são alternativas aos partidos, mas que fornecem aos partidos tradicionais novas identidades, a exemplo dos partidos regionalistas, em que o elemento territorial é fortalecido. Já a segunda categoria relaciona-se com as medidas previstas em vários países para ampliar a participação do cidadão para além do momento eleitoral. No rol dessas iniciativas, serão abordadas as práticas participativas da democracia direta.

Ao final, retomaremos o tema da crise da democracia à luz das questões introduzidas neste capítulo.

Paolo Ricci

(6.1)
ARRANJOS INSTITUCIONAIS CLÁSSICOS E A DEMOCRACIA CONSOCIATIVA

A seguir, discutiremos dois tipos de políticas que reformam as instituições clássicas, tendo em vista um acesso mais amplo à representação política por parte de grupos minoritários. Entre os estudiosos, há quem defenda a introdução de mecanismos institucionais em favor dos grupos historicamente marginalizados (Young, 1990), em particular das mulheres e dos grupos étnicos.

Iniciaremos com a questão das minorias étnico-linguísticas. Estas não devem ser confundidas com as minorias políticas, isto é, os partidos que se encontram na condição de opositores com o objetivo de se tornar maioria nas próximas eleições. As minorias aqui consideradas são aquelas que buscam seus direitos de existência em função de determinadas características distintivas, algo que, no plano político, se traduz na possibilidade de participar da atividade parlamentar. Também será discutido o papel da mulher na política. É notório o déficit de representatividade das mulheres. Por isso, vários países têm adotado normas e leis para aumentar o número de representantes femininos nos parlamentos.

Entender tais mudanças e, sobretudo, os efeitos produzidos por elas é importante para pensarmos o funcionamento da democracia no século XXI.

6.1.1 A REPRESENTAÇÃO DAS MINORIAS ÉTNICAS

Ajuda-nos na introdução do tópico a distinção clássica entre regimes consensuais e majoritários. Para Lijphart (2003), o modelo consensual implica a adoção de mecanismos institucionais que garantem a partilha de poder, o que é necessário para assegurar a paz e a estabilidade democrática em sociedades profundamente divididas. Segundo o autor, a **democracia majoritária** se caracteriza pelo governo de partido único, pela predominância do Executivo sobre o Legislativo, pelo sistema eleitoral majoritário, pela estrutura estatal unitária, pelo sistema unicameral e pelo Banco Central dependente do Executivo. Nesse caso, portanto, a ênfase recai na capacidade decisória de poucos atores políticos. Já na **democracia consensual** o mecanismo decisório é o compromisso. Um exemplo é a adoção de um sistema eleitoral proporcional, que melhor representa as forças políticas, mesmo partidos minoritários, garantindo-lhes o acesso ao parlamento. Assim, um sistema proporcional com voto preferencial, como aquele adotado na Dinamarca, é considerado um fator explicativo da forte presença local de representantes das minorias étnicas, em particular dos migrantes (Togeby, 2008).

Há duas razões principais para a introdução de cotas para as minorias: proteção e defesa de grupos menores e marginalizados – frequentemente evocando um passado de opressão – e representação parlamentar para garantir a estabilidade democrática. Cadeiras legislativas destinadas a minorias étnicas foram criadas em diferentes países do mundo, desde países que são totalmente livres e democráticos até regimes autoritários (Bird, 2014). Por exemplo, das 334 cadeiras do parlamento romeno, 18 delas são ocupadas por grupos étnicos, entre albaneses, armenos, búlgaros, croatas, alemães, gregos, italianos, russos, judeus, macedônios, ciganos, rutenos, polacos, sérvios, checos/eslovacos, tártaros, turcos e ucraínos. O Paquistão destina 10 das 342 cadeiras aos não muçulmanos. Um país como o Líbano, extremamente dividido entre vários grupos religiosos, determinou que 34 das 128 cadeiras sejam ocupadas por maronitas, 27 por sunitas e xiitas em igual número, 14 por gregos ortodoxos e 25 cadeiras por outros grupos (Bird, 2014).

Paolo Ricci

Existem pelo menos três formas de garantir que parte das cadeiras parlamentares sejam ocupadas por grupos étnicos. A primeira delas é distribuir as cadeiras isentando os grupos étnicos da necessidade de alcançar alguma cláusula de barreira ou fazendo uma distribuição proporcional entre as minorias. A segunda é a incorporação de alguma cota nas listas dos partidos. Este é o caso de Singapura, onde os partidos tradicionais são obrigados a destinar parte das listas de candidaturas para os grupos étnicos minoritários (indianos, malaios e outros não chineses). Por fim, alguns países reservam circunscrições eleitorais para os grupos étnicos, já que um sistema eleitoral proporcional não necessariamente garante maior representatividade se os grupos étnicos não estiverem organizados em partidos. Na Nova Zelândia, por exemplo, o Native Representation Act (1867) criou quatro cadeiras parlamentares para maoris (desde 1996, são sete os representantes).

Do ponto de vista analítico, é importante discutirmos os efeitos produzidos por tais medidas. Muitos estudos têm enfatizado o aumento da fragmentação parlamentar nas eleições seguintes. Para alguns, isso seria um risco em termos de governabilidade, pois os representantes dos grupos étnicos podem atuar como *veto players* no processo legislativo, bloqueando a tomada de decisão (Lončar, 2015). Entretanto, conforme explicado pela literatura (Tsebelis, 2014), devemos ponderar que isso depende muito da organização dos legislativos contemporâneos. Quando os parlamentos centralizam as funções decisórias nos governos ou em poucos líderes, o controle da agenda é limitado. Isso significa que a representação dos grupos étnicos impacta na arena legislativa apenas quando eles conseguem ingressar no governo ou influenciar o processo legislativo caso as regras parlamentares configurem um arranjo de tomada de decisão descentralizado.

Contrariamente ao defendido pelos teóricos da democracia consensual, para alguns autores, a introdução e a sedimentação na política de clivagens étnicas não apenas produz uma mudança nas relações interétnicas, reduzindo as tensões raciais (O'Brochta, 2021), mas também pode contribuir para a erosão da paz e da estabilidade no longo prazo (Reilly; Reynolds, 1999). No caso de partidos de extrema-direita, por exemplo, as etnias ou os grupos minoritários podem ser vistos como "diferentes" em um sentido negativo, pois ameaçam a identidade nacional. Assim, os populistas xenófobos na Europa muitas vezes definem as pessoas em termos étnicos, excluindo os "outros" (ou seja, imigrantes e minorias), mesmo sendo tais minorias cidadãos para todos os efeitos (Mudde, 2017).

6.1.2 A REPRESENTAÇÃO DAS MULHERES NA POLÍTICA

Como vimos no segundo capítulo, historicamente o tema das mulheres foi circunscrito à luta pelo voto. De forma mais ampla, a questão de gênero pode ser abordada considerando o tema da desigualdade (Biroli, 2015). É um assunto complexo que abrange várias esferas da vida pública, como o trabalho, a saúde, a renda, o poder, o tempo livre e a instrução. Neste tópico, trataremos apenas do acesso a cargos públicos, isto é, do poder. Portanto, veremos a relação entre democracia representativa e mecanismos inclusivos que facilitem a participação feminina. Respeitamos as demais esferas da vida pública, mas o poder é o âmbito em que a mulher teve menores ganhos no decorrer do tempo. De acordo com o European Institute for Gender Equality (uma agência da União Europeia), os países da comunidade europeia têm tido avanços significativos em questões de paridade de gênero na saúde (acesso aos serviços) e no dinheiro (situação econômica), mas menos no que tange ao poder, aqui entendido como poder decisório político e econômico.

Um indicador amplamente usado para retratar a lacuna existente entre homens e mulheres é o que calcula o número de mulheres com cargos políticos. O gráfico a seguir considera a proporção de mulheres nas câmaras baixas ou no parlamento nacional de alguns países. A barra na cor cinza representa a média para os países democráticos; os dados do Brasil aparecem na barra preta.

Gráfico 6.1 – Proporção de mulheres na Câmara dos Deputados para alguns países democráticos

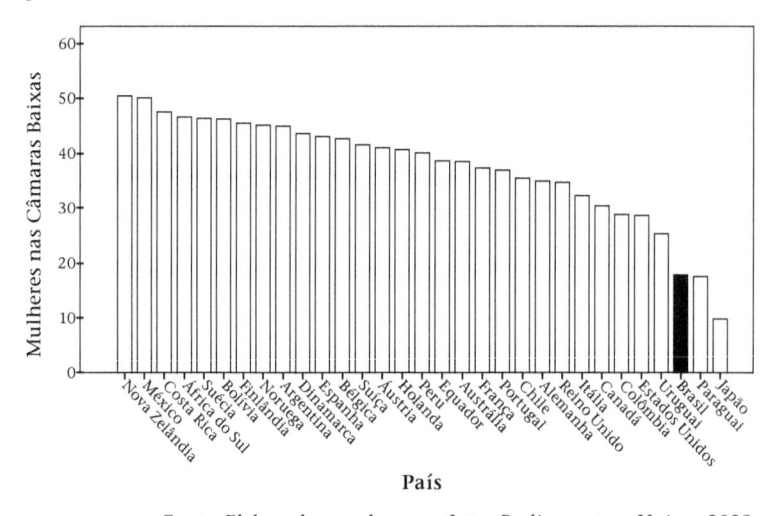

Fonte: Elaborado com base em Inter-Parliamentary Union, 2023.

Os dados sobre as mulheres na política mostram que há grande variação entre os países. No Brasil, o número de parlamentares mulheres é extremamente baixo quando comparado com os demais países. Entretanto, houve avanços recentemente. O gráfico seguinte mostra que, após a redemocratização, a desigualdade política continua elevada, mas vem se reduzindo no tempo.

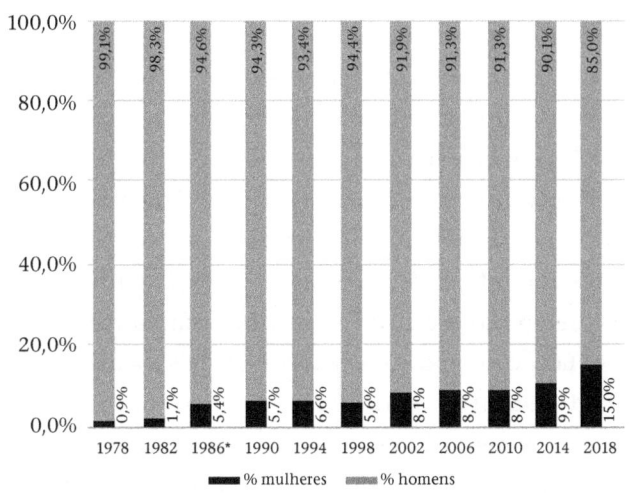

Gráfico 6.2 – Percentual de eleitas e eleitos para a Câmara dos Deputados, por eleição

Ano	% mulheres	% homens
1978	0,9%	99,1%
1982	1,7%	98,3%
1986*	5,4%	94,6%
1990	5,7%	94,3%
1994	6,6%	93,4%
1998	5,6%	94,4%
2002	8,1%	91,9%
2006	8,7%	91,3%
2010	8,7%	91,3%
2014	9,9%	90,1%
2018	15,0%	85,0%

N (1978) = 420; N (1982, 86) = 479; N (1990) = 503; N (1994, 98, 2002, 06, 10, 14, 18) = 513

Fonte: Elaborado com base em ONU Mulheres, 2020, p. 32.

Inúmeros determinantes, como a ideologia e a organização dos partidos, podem explicar as variações. Por exemplo, em sistemas eleitorais de lista fechada, os partidos podem rebaixar as mulheres e colocá-las no final da lista de candidatos. Para Sacchet (2018), no Brasil, um fator-chave que explica as baixas porcentagens de mulheres eleitas é o monopólio dos fundos eleitorais por parte das lideranças partidárias. Alguns autores apontam para os aspectos propriamente culturais, como no caso dos países escandinavos, nos quais se fala em *Norden – the passion for equality* (Graubard, 1986) em alusão aos valores difundidos naquelas sociedades.

Merecem destaque as normas sobre cotas em política. Muito da variação encontrada nos países pode ser explicada pela adoção de normas que beneficiam as mulheres e favorecem a inserção delas na política. Mais de 130 países têm adotado algum sistema de cotas para as mulheres em suas legislações eleitorais. Trata-se de mecanismos voltados para incentivar candidaturas femininas e uma distribuição mais igualitária das cadeiras parlamentares entre homens e mulheres. No Brasil, há uma legislação consolidada sobre cotas para mulheres na política. Vejamos em detalhe.

Até 1997, não havia legislação em matéria. Como sabemos, as mulheres tiveram acesso ao voto e puderam ser candidatas pela primeira vez em 1932, após a Revolução de 1930. Entretanto, até recentemente poucas mulheres se aventuraram na carreira política. Ao verificar o perfil das deputadas estaduais e federais eleitas na década de 1950, Céli Pinto (2017) demonstra que se tratava de mulheres com perfis diferentes e que não chegaram à política por pertencerem a famílias tradicionais em seus estados. Em outra pesquisa sobre as mulheres, desta vez aquelas que fizeram carreira entre 1950 e 2014, as autoras Pinto e Silveira (2018) mostram que elas tiveram uma vida pública relevante antes de se elegerem deputadas – foram líderes estudantis, ocuparam cargos de alta direção em sindicatos – e ingressaram na política em nível local, como vereadoras e prefeitas.

Foi a Lei n. 9.504, de 30 de setembro de 1997 (Brasil, 1997) – Lei das Eleições –, que inovou no plano federal. Previu-se a reserva de 30% das candidaturas dos partidos ou coligações para cada sexo em eleições proporcionais (vereador, deputado estadual e federal). O percentual de candidaturas de mulheres ultrapassou 20% apenas em 2010, após uma alteração, em 2006, no art. 3º da referida lei, que substituiu "deverá reservar" por "preencherá", obrigando os partidos a preencher as vagas destinadas às mulheres. Assim, cada partido político deve ter o mínimo de 30% e o máximo de 70%

para candidaturas de cada gênero. Porém, foi somente a partir da Lei n. 12.034, de 29 de setembro de 2009 (Brasil, 2009) – também conhecida como *Minirreforma Eleitoral* – que essa disposição passou a ser aplicada, com o número de candidaturas efetivamente requeridas pelo partido, a fim de garantir maior participação às mulheres nas instituições representativas.

A Lei n. 13.165, de 29 de setembro de 2015 (Brasil, 2015) – Lei de Participação Feminina na Política –, determinou mudanças para a promoção de campanhas publicitárias que incentivassem a participação feminina, observando o mínimo de 10% do tempo nos programas de propaganda nas redes nacionais e nas emissoras estaduais. A mesma legislação definiu que, nas sedes e nos serviços do partido, fosse destinado um mínimo de 5% dos recursos às secretarias da mulher do respectivo partido político ou, inexistindo a secretaria, ao instituto ou à fundação de pesquisa (Brasil, 2015, art. 44, V).

O que esperar do aumento da presença feminina nos parlamentos? A divisão dos trabalhos parlamentares em comissões legislativas para a análise das propostas de lei tem mostrado que, pelo menos inicialmente, as mulheres tendiam a se concentrar nas comissões com competências sobre saúde e estado social, menos em áreas econômicas. Essas diferenças, porém, têm se reduzido no tempo (Wängnerud, 2009). Quanto às *performances* legislativas, a afirmação de que as mulheres eleitas concentram suas atividades em algumas áreas em maior medida do que os políticos homens é confirmada por alguns estudiosos. Thomas (1994) afirma que as legisladoras priorizam questões sobre mulheres, crianças e família. Em geral, nos parlamentos tendem a se posicionar mais à esquerda que os homens e a serem mais favoráveis a novas políticas, como as mulheres que se preocupam com a proteção do ambiente (Wängnerud, 2009). Tais atitudes, no entanto, continuam sendo mediadas pela ideologia, assim como pelos partidos, que, a despeito de todos os questionamentos sobre representatividade, ainda detêm o controle do processo legislativo.

(6.2) A democracia direta

No segundo capítulo, em uma versão amplamente aceita entre os estudiosos, vimos que a democracia é reduzida à participação dos indivíduos com direitos políticos para a escolha entre candidatos. A ênfase recai sobre a competição política em si (Schumpeter, Przeworski) ou sobre a garantia de que as escolhas sejam reais e possíveis, dadas certas garantias de liberdade (Dahl, Bobbio). É uma versão **minimalista** por limitar a democracia a uma questão inerente ao método de seleção de uma elite política. Donald Trump e Jair Bolsonaro foram eleitos democraticamente, e a insatisfação com a escolha deles só pode ser revertida no plano eleitoral, em uma disputa livre.

Afastando-se dessa perspectiva, outros autores defendem a necessidade de termos uma maior participação dos indivíduos nos órgãos representativos. Aqui é necessário um esclarecimento conceitual, já que a confusão é grande entre os que falam em democracia participativa, democracia deliberativa e democracia direta como se fossem o mesmo fenômeno.

A **democracia participativa** chama em causa a mobilização dos movimentos dos anos 1970 nos Estados Unidos em defesa dos direitos civis, mais tardiamente dos jovens e, mais recentemente, no fenômeno *new global*, dos primeiros anos 2000. Trata-se de grupos heterogêneos, com tradições e formas de reivindicação radicalmente diferentes. O tema comum não é a globalização, mas a escolha neoliberal das instituições supranacionais, criticando a centralidade dada ao livre comércio em detrimento dos direitos sociais. Exemplos de movimentos que se ativaram e desapareceram em um lapso relativamente curto de tempo são: Movimento de Seattle, Occupy Wallstreet e, mais recentemente, Friday for Future. No início, eram organizadas manifestações nos grandes encontros mundiais (grupo do G8, em Davos, durante o The World Economic Forum), mas, posteriormente, muitos movimentos passaram a ocupar lugares simbólicos, como Wall Street, símbolo das desigualdades econômicas, transformando a mobilização em algo permanente.

Os teóricos que exaltam essa perspectiva enxergam as possíveis virtudes de uma cidadania ativa além do âmbito público estatal, como nas empresas ou nas comunidades locais (Held, 2006), distanciando-se do modelo representativo centrado nas eleições. Alguns exemplos são o orçamento participativo (como o modelo de Porto Alegre) e os diferentes fóruns. São iniciativas que ganharam espaço em âmbito local, no qual as decisões políticas ocorrem a partir de uma infraestrutura aberta, receptiva para pensar cidades inteligentes, inclusivas e inovadoras. Não abordaremos essas formas participativas, pois são alternativas à democracia representativa – correspondem a formas de pressão popular e envolvem a ideia de que as comunidades locais podem e devem se autogovernar, às vezes contrapondo-se ao governo representativo.

A **democracia deliberativa** é entendida como um processo de troca argumentativa e de discussão que antecede uma decisão pública. Na proposta mais conhecida, apresentada por Habermas (1997), o sufrágio continua fundamental, mas se confere peso crescente à esfera pública em que o cidadão participa ativamente da fase da deliberação. Ou seja, para o bom funcionamento da democracia, não seria suficiente **agregar** preferências (como ocorre quando escolhemos políticos pela via eleitoral); é preciso promover a deliberação pública, em visão discursiva da política, no âmbito legislativo, executivo e jurisdicional. Inevitavelmente, isso dá espaço central à linguagem usada pela mídia, à formação das reivindicações, à persuasão e à mobilização sobre temáticas percebidas como relevantes por parte dos movimentos e das organizações da sociedade civil. Nesse caso, a vontade dos cidadãos não é expressa unicamente pela eleição de representantes, mas diretamente pelo povo, em um processo baseado na discussão pública entre indivíduos livres e iguais. Por ser entendida como processo, evidentemente os mecanismos deliberativos podem integrar formas típicas da democracia participativa, como é o caso do orçamento participativo. Como a deliberação é a fase da construção do consenso sobre decisões a serem tomadas por instituições representativas, não iremos nos aprofundar nessa versão da democracia.

O aspecto a ser explorado nesta seção é o da **democracia direta**, definida como "um processo institucionalizado e publicamente reconhecido por meio do qual os cidadãos de uma região ou país registram sua escolha ou opinião sobre uma questão através de uma votação com sufrágio universal e secreto" (Altman, 2018, p. 6, tradução nossa). É uma definição bastante restritiva, que inclui várias ações, como referendos, iniciativas populares e plebiscitos. É útil porque nos permite manter fixas as bases do governo representativo: uma decisão tomada por cidadãos.

A essa definição, acrescentaremos duas outras formas participativas tradicionais e aplicadas em alguns países. Uma é o *recall*, isto é, o poder dos eleitores para remover um funcionário público eleito antes do termo natural do seu mandato – uma forma de democracia direta, para muitos autores (Soldevilla, 2014). Outra é a democracia interna aos partidos, ou seja, a possibilidade de o cidadão influenciar as decisões partidárias, como a seleção dos candidatos e as linhas gerais dos partidos sintetizadas nos programas.

A seguir, veremos em detalhe cada uma dessas formas de democracia direta.

6.2.1 A DEMOCRACIA DIRETA NOS PARTIDOS POLÍTICOS

Vamos começar do ponto em que encerramos a seção anterior: tratando dos partidos. Com o crescente afastamento dos partidos da sociedade, foi adotada, a partir dos anos 1980, por alguns partidos, uma mudança nas regras para a seleção das candidaturas. A literatura costuma classificar essa questão no quanto é aberto ou fechado o processo seletivo do partido. Se pensarmos em um contínuo que represente os vários graus de inclusão, aos extremos temos candidatos escolhidos unicamente pelo líder do partido, que detém o monopólio da seleção, e, do outro lado, temos a possibilidade de seleção por meio das primárias, portanto, um nível máximo de participação. Vejamos a figura a seguir.

Figura 6.1 – Graus de inclusão da democracia interna dos partidos políticos

Eleitorado	Membros de partido	Diretório regional/distrital	Líder/executiva nacional
(Primárias)	(Primárias ou independência ampla dos candidatos)	(Convenções locais)	(Comitê nacional)

A possibilidade de que a seleção seja determinada pelo líder do partido é bastante rara. Foi a característica dominante na Grécia durante os anos 1970 para os dois partidos maiores, o Nea Dimokratia (ND) e o Phanhellenic Socialist Movement (Pasok). Isso aconteceu também com os partidos ultrarreligiosos em Israel durante os anos 1990 (Hazan, 2001). O domínio do executivo nacional no processo de seleção se manifesta de forma plena em Portugal e na Espanha.

Paolo Ricci

A bem entender, o processo de seleção dos candidatos por meio de uma participação descentrada e focada nos membros regionais ou locais é a forma mais comum utilizada pelos partidos europeus.

A experiência dos partidos escandinavos, com exceção da Islândia e da Dinamarca, vai nessa direção. Os casos da Noruega e da Finlândia são emblemáticos, já que são um dos poucos países no mundo que regulamentam formalmente o processo de recrutamento. O *Norwegian Act of Nominations* de 1921 dispõe que a escolha final da lista de candidatos deve ser feita por meio das convenções de partido em cada distrito. Na Finlândia, o *Party Act* de 1969 regulamenta a estrutura da nomeação dos candidatos, além da organização dos partidos. O processo de seleção é centrado nas circunscrições, baseado na proposta da organização local do partido, que procura definir uma lista a ser acordada somente em sucessiva reunião do partido no nível distrital. Igualmente no caso norueguês, as intervenções dos líderes nacionais encontram fortes resistências no nível local e, mesmo que informalmente presentes, qualquer ação centralizadora sempre foi bloqueada (Sundberg, 1994).

Outro país que baseia sua forma de seleção na esfera local é a Inglaterra – o sistema de seleção dos candidatos dos dois maiores partidos funciona, tradicionalmente, no âmbito local (Norris; Lovenduski, 1993).

O que de fato interessa discutirmos aqui é a participação mais ampla do cidadão. O caso mais comum é o de adoção de primárias pelo partido ou, alternativamente, uma alta independência dos candidatos. Em Israel, as primárias foram adotadas pela primeira vez pelo Democratic Movement for Change (DMC) no final dos anos 1970, mas se tornaram uma característica do sistema político-eleitoral somente a partir de 1992, quando o partido Labor as introduziu na seleção dos candidatos à Knesset. O sucesso dessa ocasião impulsionou os demais partidos a redefinirem as estratégias internas de seleção. O fenômeno foi tão rápido que, nas eleições de 1996, cerca de 80% dos parlamentares do parlamento israelita tinham sido escolhidos nas primárias (Hazan, 2001). No Labour Party e o Likud Party, o processo era bastante similar, com duas listas internas de candidatos: a lista nacional e a lista regional. Na primeira, os membros do partido expressavam suas preferências, no máximo 15 para o Labour (21 candidatos nacionais) e 20 para o Likud (25 candidatos nacionais). Na segunda, a lista regional era definida nas circunscrições locais; aos membros do Labour era permitido expressar suas preferências, enquanto aos do Likud era permitido expressar apenas uma preferência (Hazan, 2001).

Temos ainda as primárias fora do partido. Um país que melhor representa o ideal da democratização desse processo são os Estados Unidos. O processo é centrado nos estados e ocorre via primárias ou por meios de *caucus* locais (ou convenções). Há muita diversidade entre os estados e, de fato, são as leis estatais que determinam os requisitos mínimos para o acesso às primárias (Epstein, 1980). Em geral, prevalece a tendência de que o voto seja restrito aos filiados e aos membros de partido, mas, nos 26 estados onde a seleção se dá por meio das primárias, é mínimo o poder de controle dos partidos sobre os eleitores. Na verdade, os partidos nacionais não exercem nenhum controle sobre a inscrição dos filiados nos estados, não podem expulsá-los nem exigir posições definidas e claras quanto à estrutura interna do processo decisório (Katz; Kolodny, 1994).

O tema da democracia direta nos partidos deve ir além do aumento da participação política. O modelo das primárias fora do partido mostra claramente que, quando a participação é ampla, corremos o risco de contribuir para o sucesso de *outsiders* ou extremistas, como no caso de Donald Trump em 2016, pelo Partido Republicano.

Paolo Ricci

Uma literatura fértil tem observado os efeitos desse processo sobre o comportamento parlamentar. Uma alta democratização do processo seletivo pode gerar efeitos reais sobre o comportamento legislativo do deputado eleito que, em busca da reeleição, tenderá a privilegiar políticas locais, atuando às vezes em contraste com a linha adotada pelo partido, que, por meio das lideranças, defende uma conduta legislativa mais centrada em questões nacionais. Michael Gallagher (1988, p. 15, tradução nossa) sintetizou essa orientação com muita clareza: "quando o processo de seleção é centralizado, os deputados concentram a maior parte de suas energias nas funções parlamentares e quando é controlado localmente, eles dedicam mais tempo ao trabalho eleitoral e outras atividades que os mantêm em contato com os membros locais".

O tema é extensamente debatido, como acontece no caso estadunidense, em que as tendências locais dos deputados contrapõem-se àquelas das lideranças, geralmente comprometidas com uma agenda política de cunho nacional (Mayhew, 1974). Vários autores têm mostrado que as primárias, em Israel, em um rápido lapso de tempo, durante a Décima Quarta Knesset (1996-1999), provocaram um declínio do *status*, da organização e das capacidades funcionais dos partidos políticos (Hazan, 2001), além de um aumento das iniciativas parlamentares individuais. A reação a esse quadro foi abandonar as primárias já nas eleições de 1999; o único partido que as mantêm, o Labour, limitou fortemente o poder de seleção nas circunscrições.

6.2.2 Referendos, plebiscitos e iniciativas populares

Referendos, plebiscitos, iniciativas populares são instrumentos da democracia direta amplamente difundidos no mundo. De acordo com levantamento recente feito por Altman (2018), tais instrumentos foram adotados 1.993 vezes entre 1900 e 2016 em vários países.

Precisamos fazer algumas distinções. A iniciativa popular e o referendo são resultado da iniciativa dos cidadãos. Na primeira, os cidadãos podem atuar de forma proativa no procedimento legislativo, votando uma norma sem que esta seja previamente apreciada pelo parlamento ou sugerindo que as instituições representativas tomem decisões sobre determinadas matérias; no segundo, os cidadãos são chamados a votar normas aprovadas pelos parlamentos, reagindo, portanto, a decisões tomadas anteriormente.

Já os referendos constitucionais e plebiscitos são ações decisórias cuja iniciativa compete às autoridades. Os primeiros estão geralmente previstos pelas Constituições e convocam a população para decidir sobre mudanças importantes no *status quo*. Por exemplo, a Suíça prevê que as mudanças constitucionais sejam submetidas a referendo nacional e, desde 2016, também os tratados internacionais assinados pelo país que produzam efeitos constitucionais, como a adesão a comunidades supranacionais e a organizações de segurança internacional. Os segundos, *plebiscitos* (cujo termo em alguns países é sinônimo de *referendo*), permitem às autoridades apresentar questionamentos à população, que toma decisões sobre um tema específico. Como vimos no primeiro capítulo, o plebiscito foi utilizado na época moderna como forma de instrumento consultivo sobre os tipos de regimes (república ou monarquia, por exemplo) ou no caso de anexação de territórios. Dos 1993 instrumentos da democracia direta localizados por Altman (2018), 68,8% são referendos constitucionais e plebiscitos.

No Brasil, três instrumentos foram contemplados na Constituição, no art. 14, incisos I, II e III (regulamentado pela Lei n. 9.709, de 18 de novembro de 1998), que assim determina:

Art. 14. A soberania popular será exercida pelo sufrágio universal e pelo voto direto e secreto, com valor igual para todos, e, nos termos da lei, mediante:
- I – plebiscito;
- II – referendo;
- III – iniciativa popular. (Brasil, 1988)

A consulta plebiscitária está prevista no caso de incorporação, subdivisão ou desmembramento para se anexar a outros estados ou para se formar novos estados ou territórios federais, assim como no caso de incorporação, fusão ou desmembramento de municípios. Em seus dispositivos transitórios, a Constituição de 1988 determinou que, no dia 7 de setembro de 1993, o eleitorado "definirá, através de plebiscito, a forma (república ou monarquia constitucional) e o sistema de governo (parlamentarismo ou presidencialismo) que devem vigorar no País" (Brasil, 1988). A Emenda Constitucional n. 2, de 25 de agosto de 1992, fixou a data para 21 de abril de 1993. O presidencialismo ganhou com 55,7% dos votos, ante a opção parlamentarista (24,9%). Quanto à forma de governo, os eleitores preferiram a república (66,3%) à monarquia (10,3%).

Nos estados, dois plebiscitos foram realizados em 2011, no estado do Pará, sobre a divisão do estado para a criação dos estados do Carajás e Tapajós. Entretanto, o resultado foi desfavorável, com cerca de 66% da população se manifestando contrariamente. Nos municípios, os plebiscitos foram frequentes, seguindo a prática da formação de novos municípios (Tomio, 2005).

No nosso país, o referendo foi convocado apenas uma vez, em 2005, depois da aprovação do Estatuto do Desarmamento, que previa uma cláusula em que se determinava a realização de referendo sobre a liberação da compra de armas. Os eleitores foram consultados sobre a proibição da comercialização de armas de fogo e munições, e a maioria se manifestou contra a proibição.

No caso de iniciativa popular, a Constituição de 1988 determina que, no âmbito federal, ela pode ser exercida pela apresentação, à Câmara dos Deputados, de projeto de lei subscrito por, no mínimo, 1% do eleitorado nacional, distribuído pelo menos por cinco estados, com não menos de 0,3% dos eleitores de cada um deles. Na prática, isso significa que é necessário coletar cerca de 1,5 milhão de assinaturas. Mesmo reservando à sociedade o direito de propor novas leis, compete ao Congresso Nacional a discussão e a deliberação. Em particular, um deputado deve ser designado como autor da proposta e a tramitação do projeto de lei deve seguir as regras internas do Senado e da Câmara, podendo ser emendado pelos parlamentares e, após a aprovação, eventualmente vetado pelo presidente. Até agora, foram quatro os projetos de iniciativa popular que viraram lei:

1. Lei n. 8.930, de 6 de setembro de 1994, que inclui o homicídio qualificado no rol de crimes hediondos.
2. Lei n. 9.840, de 28 de setembro de 1999, que busca combater a compra de votos por meio da cassação de mandato e pagamento de multa.
3. Lei n. 11.124, de 16 de junho de 2005, que cria o Fundo Nacional de Habitação de Interesse Social, objetivando implementar políticas e programas que promovam o acesso à moradia digna para a população de baixa renda.
4. Lei Complementar n. 135, de 4 de junho de 2010, mais conhecida como a *Lei da Ficha Limpa*, que torna inelegível por oito anos os candidatos condenados em processos criminais e políticos cassados.

Paolo Ricci

Além da importância desses instrumentos como fatores de participação política, é oportuno discutirmos os problemas de sua implementação. No Brasil, a democracia direta é pouco praticada em comparação a outras formas de participação política, como o orçamento participativo e os conselhos gestores de políticas públicas. Por isso, um olhar atento sobre o instituto do referendo na Europa pode elucidar a questão.

Entre as críticas ao uso do referendo, vale mencionarmos três argumentos principais (Tierney, 2012). Em primeiro lugar, temos o controle exercido pelas elites políticas, que podem monopolizar o processo e influenciar a escolha dos eleitores. Já o controle por parte dos partidos (como quem tem direito de tomar a iniciativa ou a contestação judiciária de sua constitucionalidade) influencia o gerenciamento do referendo. Por exemplo, as elites políticas podem decidir pelo instrumento referendário apenas quando há certeza de que a proposta a ser votada será aprovada pela maioria da população. É também verdade que nem sempre há um consenso claro e majoritário sobre a temática. Um exemplo recente da adoção do referendo foi o *Brexit* (união de *Grã-Bretanha*, *Britain*, com *saída*, *exit*), nome dado à saída do Reino Unido da União Europeia. Em 23 de junho de 2016, o Reino Unido realizou um referendo sobre sua permanência ou não na União Europeia. A pergunta era posta nestes termos: "O Reino Unido deve permanecer membro da União Europeia ou deixar a União Europeia?". Em uma votação acirrada, 51,89% dos eleitores votaram pela saída, forçando os líderes políticos a deixar a comunidade europeia em 31 de janeiro de 2020.

Em segundo lugar, citamos o déficit de deliberação. O simples ato de votar "sim" ou "não" induz opiniões apressadas, pouco debatidas e sem que, de fato, tenha se desenvolvido uma reflexão aprofundada por parte dos eleitores. Devemos acrescentar a isso o desinteresse por certos temas, o que revela a falta de consistência e uma abundância de complacência quanto ao instrumento referendário, por parte dos políticos, no que se refere a temas poucos relevantes ou altamente complexos.

Em terceiro lugar, temos o perigo majoritário. Em sua maioria, as regras preveem um quórum de 50% + 1 para que o resultado seja validado. Isso beneficia a maioria em detrimento das minorias, que, desse modo, nunca serão contempladas no processo referendário. O referendo pode ser explorado por parte dos mesmos sujeitos (partidos, mas também grupos de pressão) que concorrem na arena eleitoral, acabando por ficar confinado à mesma disputa das eleições ordinárias.

6.2.3 RECALL

Confere poder aos eleitores para remover um funcionário público eleito antes do encerramento natural do seu mandato. É um instrumento que não está previsto no Brasil e que é frequentemente associado à experiência estadunidense – mas existem outros países que o adotam. Na Comuna de Paris, em 1871, os cidadãos tinham o poder de revogação dos mandatos, e a Constituição da República Socialista Federativa Soviética de 1918 também o adotou, assim como a Constituição das Repúblicas Socialistas, em 1977. Nesse contexto, o *recall* funcionava mais como um instrumento de controle do partido sobre eventuais dissidências internas.

A Constituição japonesa de 1946 o introduziu para o caso dos funcionários da administração pública e dos juízes. Na América Latina, a Colômbia (1991) e a Venezuela (1999) também adotaram o instrumento. Em 2004, o então Presidente da República Hugo Chávez superou com sucesso uma tentativa de demissão.

O *recall* é adotado também na Suíça, na Argentina, na Alemanha, nos Estados Unidos, no México, no Equador, no Peru e na Bolívia.

O procedimento usado nos Estados Unidos varia entre os estados, mas as características essenciais são as mesmas. É necessária a apresentação pública de uma petição, depois deve ser feita a coleta de assinaturas, cujo número mínimo varia significativamente entre os estados (de 12% da população na Califórnia até 40% no Kansas). A coleta das assinaturas segue um calendário, com data de encerramento, e geralmente não passa de 180 dias. Os eleitores são chamados a votar a cassação (ou não) do funcionário público; se este for cassado, é preciso fazer uma nova eleição para eleger o sucessor. Em 2003, o governador da Califórnia, Gray Davis, foi cassado em seu segundo mandato por 55,4% dos eleitores, e Arnold Schwarzenegger foi eleito como seu sucessor. O instituto do *recall* é encontrado também em nível municipal em algumas cidades americanas.

Esse instrumento é visto como um mecanismo de fortalecimento da democracia, pois empodera o povo, que pode punir um representante antes do fim do mandato. Entretanto, uma análise dos países que o adotam nos alerta para a necessidade de refletir sobre seu uso. Sobretudo, é questionável que o *recall* possa ser pensado como instrumento que reforça a legitimidade democrática e a eficiência governamental. No Peru, entre 1997 e 2013, mais de 5 mil pedidos revogatórios foram ativados contra autoridades democraticamente eleitas em 747 municípios (45,5% do total de municípios). Conforme Welp (2016), nesse país o *recall* é usado para fins pessoais, promovido pelos políticos perdedores, produzindo polarização e erosão das já fragilizadas bases partidárias. Da mesma forma, o estudo de 107 tentativas de *recall* na Colômbia mostra que o instrumento se tornou uma arma nas mãos dos políticos para aumentar os níveis da competição partidária para além das eleições regulares (Welp; Milanese, 2018). Ou seja, quando o *recall* é usado pelos partidos, e não pela sociedade civil, torna-se instrumental do jogo político, desviando-se dos fins que visa alcançar.

Síntese

Este sexto e último capítulo discutiu alguns mecanismos que reformam as instituições clássicas do governo representativo, com o propósito de reformular a participação dos indivíduos. Ao mesmo tempo, apresentamos o debate sobre a democracia direta, que compreende propostas que se materializam em formas participativas mais amplas. Todas elas, porém, não substituem a democracia representativa; tendem a aperfeiçoá-la, introduzindo outros mecanismos de participação popular, mas não há uma guiada para modelos de democracia alternativos.

De volta à crise da democracia, a questão é que tais instrumentos não foram capazes até agora de bloquear a crise da democracia de partido. A bem entender, nem poderiam fazê-lo. Muitos deles, de fato, se contrapõem ao papel dos partidos. Não é por acaso que alguns partidos populistas defendem o *recall*, por exemplo, como forma de destronizar o partido perante o povo. Nos termos do Przeworski (2020, p. 230), medidas de democracia direta "não passam de paliativos".

O perigo, então, é que os conflitos societais não sejam mais processados pela política e os partidos e que as elites adotem medidas que deteriorem a democracia. O governo passaria a se utilizar dessas instituições democráticas para contestar o poder, sem, porém, deixar chances reais às oposições. Assim, seriam adotados os velhos instrumentos de controle eleitoral típicos do governo representativo do século XIX, como a manipulação dos resultados eleitorais, ainda que reformulados com as novas tecnologias. Nessas condições, o incumbente teria uma vantagem sobre os opositores. A competição política existiria, mas seria parcial.

Paolo Ricci

Nesse contexto, a democracia daria lugar para um regime autoritário. O risco é real, como demonstram o caso húngaro, turco e venezuelano. Ainda que o risco de a democracia ruir não esteja no horizonte em muitos países, é evidente que estamos enfrentando uma crise que "não é apenas política; tem raízes profundas na economia e na sociedade", o que, de certa forma, é "assustador" (Przeworski, 2020, p. 233).

Questões para revisão

1. Quais são as principais diferenças entre o modelo consensual e o modelo majoritário proposto por Lijphart?

2. Qual das medidas elencadas a seguir **não** foi pensada para favorecer as minorias?
   a) Representação proporcional.
   b) Incorporação de cota nas listas dos partidos.
   c) Destinação de cadeiras parlamentares para grupos minoritários.
   d) Inserção, no texto constitucional, de algum dispositivo de proteção às minorias.
   e) Nenhuma das alternativas anteriores.

3. Quais são as principais diferenças entre democracia participativa, democracia deliberativa e democracia direta?

4. Identifique se as afirmações a seguir são verdadeiras (V) ou falsas (F).
   ( ) A iniciativa popular e o referendo são resultados da iniciativa dos cidadãos.

( ) No Brasil, três instrumentos da democracia direta foram contemplados na Constituição da República: plebiscito, referendo e iniciativa popular.

( ) O referendo é um instrumento de democracia direta eficaz, pois não está sujeito à influência das elites políticas.

( ) O instrumento do *recall* é visto como mecanismo de fortalecimento da democracia.

( ) Pode-se afirmar que a experiência da democracia direta no Brasil é pouco praticada em comparação a outras formas de participação política.

Agora, assinale a alternativa que corresponde à sequência correta:

a) V, F, V, V, F.
b) F, V, V, F, F.
c) V, V, F, V, V.
d) V, V, F, F, V.
e) F, F, F, V, V.

5. Indique se as afirmações a seguir são verdadeiras (V) ou falsas (F).

( ) Lijphart é um autor central para se entender o debate sobre a democracia consensual.

( ) É consenso que a introdução e a sedimentação na política de clivagens étnicas produzem uma mudança nas relações interétnicas, reduzindo as tensões raciais.

( ) A questão de gênero está diretamente ligada ao tema da desigualdade.

( ) As leis eleitorais são instrumentos que podem (des)incentivar os partidos para destinar mais vagas para as mulheres.

( ) Um processo seletivo altamente descentralizado não produz efeitos reais sobre o comportamento legislativo do deputado eleito que atua de acordo com a linha adotada pelo partido.

Agora, assinale a alternativa que corresponde à sequência correta:

a) V, F, F, V, F.
b) F, V, V, V, F.
c) V, V, F, V, V.
d) V, F, V, V, F.
e) F, V, F, V, V.

Questão para reflexão

1. Para muitos autores, os instrumentos da democracia direta são mecanismos úteis e eficazes para contrastar a crise da democracia. Outros são mais céticos. Comente a afirmação de que, nos termos de Przeworski (2020), medidas de democracia direta "não passam de paliativos".

Considerações finais

Este livro foi escrito com o propósito de apresentar ao leitor um tema denso e complexo de natureza interdisciplinar, que contempla a ciência política, o direito e a história. Da discussão trilhada ao longo dos capítulos, queremos destacar algumas considerações finais.

Em primeiro lugar, o reconhecimento de que a democracia de hoje é produto de um caminho que se iniciou recentemente, no final do século XVIII. Com as Revoluções Americana e Francesa, deu-se origem ao governo representativo, cujo elemento distintivo é o caráter eletivo dos representantes. A legitimação do governante deriva diretamente do momento eleitoral, que produz consenso amplo na comunidade.

Inicialmente, as eleições não eram episódios em que o eleitor escolhia livremente seus representantes. O voto no século XIX foi predominantemente um *affair* local, exercido de forma coletiva, à luz do dia. Nesse sentido, o que mais importava era o papel dos coronéis locais na coordenação eleitoral, organizando os eleitores e garantindo que eles votassem "bem".

O governo representativo assim caracterizado mudou e se tornou democrático no final do século XIX. Diferentes interpretações disputam a noção de democracia. Qualquer uma delas, porém, reconhece a importância de estudarmos a democratização com base em quatro dimensões principais: sistema eleitoral, expansão dos direitos políticos (ou sufrágio universal), eleições limpas e voto secreto.

Para além das dimensões institucionais intrínsecas à democracia, devemos considerar o papel dos atores políticos, especialmente o dos partidos políticos. É possível falarmos em **democracia de partidos**, reconhecendo a centralidade que tais organizações passam a ter no funcionamento das democracias do século XX. Na arena eleitoral e na parlamentar, a disputa é sobretudo partidária, centrada em questões ideológicas, e não mais entre notáveis que se distinguem por suas características pessoais.

Estudos sobre os partidos abundam. Desde o início do século XX, vários pesquisadores têm se dedicado a analisar as máquinas partidárias e como elas "capturam" as preferências dos eleitores. A ideologia é explicativa das variações limitadas e das preferências fixas entre estes. Entretanto, com o tempo, a partir dos anos 1960, algo mudou. Emergiu uma ideia difusa de crise de representatividade, após uma época de ouro em que os partidos se massificaram, consolidando-se como atores capazes de representar as massas populares. A crise dos partidos é frequentemente associada ao surgimento de partidos antissistema ou populistas, que ameaçariam os alicerces da democracia.

Formas alternativas ou complementares de compreendermos a representação política não faltam. A democracia direta é uma delas. Instrumentos participativos variados também são adotados, como os referendos e a iniciativa legislativa popular. Entretanto, os partidos não saíram de cena, e sem eles não há democracia representativa. Em que medida as forças partidárias conseguirão responder aos desafios da descrença popular é o desafio do futuro – um desafio que deve ser enfrentado, já que, sem respostas claras e contundentes, a democracia de partido pode colapsar.

Referências

ADELEYE, G. The Purpose of Dokimasia. **Greek, Roman, and Byzantine Studies**, v. 24, n. 4, p. 295-306, 24 dez. 1983. Disponível em: <https://scholar.googleusercontent.com/scholar?q=cache:l2ZDsfZ-ZEQJ:scholar.google.com/&hl=it&lr=&as_sdt=0,5>. Acesso em: 27 jun. 2023.

AIDT, T. S.; JENSEN, P. S. Workers of the World, Unite! Franchise Extensions and the Threat of Revolution in Europe, 1820-1938. **European Economic Review**, v. 72, p. 52-75, nov. 2014. Disponível em: <https://api.repository.cam.ac.uk/server/api/core/bitstreams/8d685cbc-98c2-4691-9585-c97f04b402a8/content>. Acesso em: 27 jun. 2023.

AIDT, T. S.; WINER, S. L.; ZHANG, P. Franchise Extension and Fiscal Structure in the UK 1820-1913: a New Test of the Redistribution Hypothesis. **Cliometrica**, v. 16, n. 3, p. 1-28, 2021. Disponível em: <https://papers.ssrn.com/sol3/papers.cfm?abstract_id=3544500>. Acesso em: 27 jun. 2023.

ALBERTAZZI, D.; MCDONNELL, D. **Twenty-First Century Populism:** the Spectre of Western European Democracy. London: Palgrave Macmillan, 2007.

ALDRICH, J. H. **Why Parties?** A Second Look. Chicago: University of Chicago Press, 1995.

ALMEIDA, P. T. de. **Eleições e caciquismo no Portugal oitocentista (1868-1890)**. São Paulo: Difel, 1991. Disponível em: <https://run.unl.pt/handle/10362/7954>. Acesso em: 27 jun. 2023.

ALONSO, S.; RUIZ-RUFINO, R. Political Representation and Ethnic Conflict in New Democracies. **European Journal of Political Research**, v. 46, n. 2, p. 237-267, 2007. Disponível em: <https://doi.org/10.1111/j.1475-6765.2007.00693.x>. Acesso em: 27 jun. 2023.

ALTMAN, D. **Citizenship and Contemporary Direct Democracy**. Cambridge: Cambridge University Press, 2018.

ALVES, M. A.; SEGATTO, C. I.; PINEDA, A. M. Changes in Brazilian Education Policy and the Rise of Right-Wing Populism. **British Educational Research Journal**, v. 47, n. 2, p. 332-354, Abr. 2021. Disponível em: <https://doi.org/10.1002/berj.3699>. Acesso em: 27 jun. 2023.

ANDERSON, M. L. **Practicing Democracy**: Elections and Political Culture in Imperial Germany. Nova Jersey: Princeton University Press, 2000.

ANNINO, A. El voto Y el XIX desconocido. **Istor – Revista De História Internacional**, v. 5, n. 17, p 43-59, 2004. Disponível em: <http://www.istor.cide.edu/archivos/num_17/dossier3.pdf>. Acesso em: 27 jun. 2023.

AKKERMAN, A.; MUDDE, C.; ZASLOVE, A. How Populist Are The People? Measuring Populist Attitudes in Voters. **Comparative Political Studies**, v. 47, n. 9, p. 1324-1353, dez. 2014. Disponível em: <https://doi.org/10.1177/0010414013512600>. Acesso em: 27 jun. 2023.

ARROW, K. J. **Social Choice and Individual Values**. Yale: Yale University Press, 1963.

BALLIVIÁN, S. R. Medio Siglo de Historia Del Organismo Electoral de Bolivia. **América Latina Hoy**, v. 51, p. 77-94, 2009. Disponível em: <https://gredos.usal.es/bitstream/handle/10366/72580/Medio_siglo_de_historia_del_organismo_el.pdf?sequence=1&isAllowed=y>. Acesso em: 27 jun. 2023.

BARTOLINI, S. Collusion, Competition and Democracy. **Journal of Theoretical Politics**, v. 11, n. 4, p. 435-470, out. 1999. Disponível em: <https://doi.org/10.1177/0951692899011004001>. Acesso em: 27 jun. 2023.

BARTOLINI, S.; MAIR, P. **Competition to Identity**: Electoral Instability and Cleavage Persistence in Western Europe – 1885-1985. Cambridge: Cambridge University Press, 1990.

BASILE, L.; MAZZOLENI, O. Sovereignist Wine in Populist Bottles? **Introduction. European Politics and Society**, v. 21, n. 2, p. 151-162, out. 2019. Disponível em: <https://doi.org/10.1080/23745118.2019.1632576>. Acesso em: 27 jun. 2023.

BATTEGAZZORRE, F. **Il Parlamento nella formazione del sistema degli Stati Europei**: um saggio di politologia storica. Milão: Giuffrè, 2007.

BEST, R. E. How Party System Fragmentation Has Altered Political Opposition in Established Democracies. **Government and Opposition**, v. 48, n. 3, p. 314-342, Jul. 2013. Disponível em: <https://doi.org/10.1017/gov.2013.16>. Acesso em: 27 jun. 2023.

BIRD, K. Ethnic Quotas and Ethnic Representation Worldwide. **International Political Science Review**, v. 35, n. 1, p. 12-26, 2014. Disponível em: <https://doi.org/10.1177/0192512113507798>. Acesso em: 27 jun. 2023.

BIROLI, F. Redefinições do público e do privado no debate feminista: identidades, desigualdades e democracia. In: MIGUEL, L. F. (Org.). **Desigualdades e democracia**: o debate da teoria política. São Paulo: Unesp, 2015.

BOIX, C. Setting the Rules of the Game: The Choice of Electoral Systems in Advanced Democracies. **American Political Science Review**, v. 93, n. 3, p. 609-624, Set. 1999. Disponível em: <https://doi.org/10.2307/2585577>. Acesso em: 27 jun. 2023.

BOIX, C.; MILLER, M.; ROSATO, S. A Complete Data Set of Political Regimes, 1800-2007. **Comparative Political Studies**, v. 46, n. 12, p. 1523-1554, Nov. 2012. Disponível em: <https://doi.org/10.1177/0010414012463905>. Acesso em: 27 jun. 2023.

BOLSONARO, J. **Declaração à imprensa do Presidente da República, Jair Bolsonaro, após assinatura de Ato**. Santiago, Chile, 23 mar. 2019a. Disponível em: <https://www.biblioteca.presidencia.gov.br/presidencia/ex-presidentes/bolsonaro/discursos/declaracao-a-imprensa-do-presidente-da-republica-jair-bolsonaro-apos-assinatura-de-ato-santiago-chile>. Acesso em: 27 jun. 2023.

BOLSONARO, J. **Discurso do Presidente da República, Jair Bolsonaro, durante almoço**. Miracatu, SP, 20 jun. 2019b. Disponível em: <https://www.biblioteca.presidencia.gov.br/presidencia/ex-presidentes/bolsonaro/discursos/discurso-do-presidente-da-republica-jair-bolsonaro-durante-almoco-miracatu-sp>. Acesso em: 27 jun. 2023.

BOLSONARO, J. **Discurso do Presidente da República, Jair Bolsonaro, durante café da manhã com ministros e parlamentares – Palácio do Planalto.** Brasília, DF, 4 jul. 2019c. Disponível em: <https://www.biblioteca.presidencia.gov.br/presidencia/ex-presidentes/bolsonaro/discursos/discurso-do-presidente-da-republica-jair-bolsonaro-durante-cafe-da-manha-com-ministros-e-parlamentares-palacio-do-planalto>. Acesso em: 27 jun. 2023.

BOLSONARO, J. **Fala do Presidente da República, Jair Bolsonaro, durante culto especial de comemoração de 25 anos da Igreja Fonte da Vida.** Brasília, DF, 4 ago. 2019d. Disponível em: <https://www.biblioteca.presidencia.gov.br/presidencia/ex-presidentes/bolsonaro/discursos/fala-do-presidente-da-republica-jair-bolsonaro-durante-culto-especial-de-comemoracao-de-25-anos-da-igreja-fonte-da-vida-brasilia-df>. Acesso em: 27 jun. 2023.

BONIKOWSKI, B.; GIDRON, N. The Populist Style in American Politics: Presidential Campaign Discourse – 1952-1996. **Social Forces**, v. 94, n. 4, p. 1593-1621, Jun. 2016. Disponível em: <https://www.jstor.org/stable/24754287>. Acesso em: 27 jun. 2023.

BORGES, A. The Illusion of Electoral Stability: from Party System Erosion to Right-Wing Populism in Brazil. **Journal Of Politics in Latin America**, v. 13, n. 2, p. 166-191, maio 2021. Disponível em: <https://www.academia.edu/45212877/The_Illusion_of_Electoral_Stability_from_party_system_erosion_to_right_wing_populism_in_Brazil>. Acesso em: 27 jun. 2023.

BOROS, T. et al. **State of Populism in Europe 2018**. FEPS and Policy Solutions, Dec. 2018.

BOTANA, N. R. **El orden conservador**: la política argentina entre 1880 y 1916. Buenos Aires: Editorial Sudamericana, 1977.

BRAGA, M. S. S.; AFLALO, H. M. Origens do voto obrigatório no Brasil. In: RICCI, P. (Org.). **O autoritarismo eleitoral dos anos trinta e o Código Eleitoral de 1932**. Curitiba: Appris, 2019. p. 139-162.

BRASIL. **Anais da Câmara dos Deputados**. 8 maio 1921. p. 194. Disponível em: <https://imagem.camara.gov.br/dc_20b.asp?selCodColecaoCsv=A&Datain=8/5/1921#/>. Acesso em: 27 jun. 2023.

BRASIL. Constituição (1988). **Diário Oficial da União**, Brasília, DF, 5 out. 1988. Disponível em: <https://www.planalto.gov.br/ccivil_03/constituicao/constituicao.htm>. Acesso em: 27 jun. 2023.

BRASIL. Decreto n. 21.076, de 24 de fevereiro de 1932. **Diário Oficial da União**, Poder Executivo, Brasília, DF, 26 fev. 1932. Disponível em: <https://www2.camara.leg.br/legin/fed/decret/1930-1939/decreto-21076-24-fevereiro-1932-507583-publicacaooriginal-1-pe.html>. Acesso em: 27 jun. 2023.

BRASIL. Lei n. 35, de 26 de janeiro de 1892. **Coleção de Leis do Brasil**, 1892. Disponível em: <https://www.planalto.gov.br/ccivil_03/leis/1851-1900/L0035-1892.htm>. Acesso em: 27 jun. 2023.

BRASIL. Lei n. 1.269, de 15 de novembro de 1904. Reforma a legislação eleitoral, e dá outras providências. In: JOBIM, N.; PORTO, W. C. **Legislação eleitoral no Brasil**: do século XVI a nossos dias. Brasília: Senado Federal, 1996. v. 2. p. 14-35. Disponível em: <https://www.tse.jus.br/servicos-eleitorais/glossario/termos/lei-rosa-e-silva>. Acesso em: 27 jun. 2023.

BRASIL. Lei n. 3.071, de 1º de janeiro de 1916. **Diário Oficial da União**, Poder Legislativo, Brasília, DF, 5 jan. 1916. Disponível em: <https://www.planalto.gov.br/ccivil_03/leis/l3071.htm>. Acesso em: 27 jun. 2023.

BRASIL. Lei n. 9.504, de 30 de setembro de 1997. **Diário Oficial da União**, Poder Legislativo, Brasília, DF, 1º out. 1997. Disponível em: <http://www.planalto.gov.br/ccivil_03/leis/l9504.htm>. Acesso em: 27 jun. 2023.

BRASIL. Lei n. 12.034, de 29 de setembro de 2009. **Diário Oficial da União**, Poder Legislativo, Brasília, DF, 30 set. 2009. Disponível em: <https://www.planalto.gov.br/ccivil_03/_ato2007-2010/2009/lei/l12034.htm>. Acesso em: 27 jun. 2023.

BRASIL. Lei n. 13.165, de 29 de setembro de 2015. **Diário Oficial da União**, Poder Legislativo, Brasília, DF, 29 set. 2015. Disponível em: <https://www2.camara.leg.br/legin/fed/lei/2015/lei-13165-29-setembro-2015-781615-publicacaooriginal-148246-pl.html>. Acesso em: 27 jun. 2023.

BRASIL. Ministério da Agricultura, Industria e Commercio. **Annuario Estatistico do Brazil**: Anno I (1908-1912) – Economia e finanças. Rio de Janeiro: Directoria Geral de Estatistica, 1917. v. 2. Disponível em: <https://bibdig.biblioteca.unesp.br/items/740ff4a6-2954-475b-b5ed-51d112092d2c>. Acesso em: 27 jun. 2023.

BRASIL. **Synopse do Recenseamento**: 31 de dezembro de 1900. Rio de Janeiro: Typographia da Estatistica, 1905. Disponível em: <https://biblioteca.ibge.gov.br/visualizacao/livros/liv25474.pdf>. Acesso em: 27 jun. 2023.

CAIANI, M.; DELLA PORTA, D. The Elitist Populism of the Extreme Right: A Frame Analysis of Extreme Right-Wing Discourses in Italy and Germany. **Acta Politica**, v. 46, n. 2, p. 180-202, 2011.

CAMMARANO, F. **Storia politica dell'Italia liberale**: l'età del liberalismo classico, 1861-1901. Roma: Laterza, 1999.

CANOVAN, M. **Populism**. Boston: Houghton Mifflin Harcourt, 1981.

CANOVAN, M. Trust The People! Populism and The Two Faces Of Democracy. **Political Studies**, v. 47, n.1, 1999. Disponível em: <https://doi.org/10.1111/1467-9248.00184>. Acesso em: 27 jun. 2023.

CAPELATO, M. H. Mídia e populismo/populismo e mídia. **Revista Contracampo**, n. 28, n. 3, p. 52-72, dez. 2013. Disponível em: <https://doi.org/10.22409/contracampo.v0i28.620>. Acesso em: 27 jun. 2023.

CARAMANI, D. **The Nationalization of Politics**: The Formation of National Electorates and Party Systems in Western Europe. Cambridge: Cambridge University Press, 2004.

CARRERAS, M.; ACÁCIO, I. Electoral Volatility in Latin America. **Oxford Research Encyclopedia of Politics**, ago. 2019. Disponível em: <https://doi.org/10.1093/acrefore/9780190228637.013.1684>. Acesso em: 27 jun. 2023.

CARVALHO, J. M. **Cidadania no Brasil**: o longo caminho. 3. ed. Rio de Janeiro: Civilização Brasileira, 2003.

CARVALHO, J. M. **A construção da ordem e Teatro de sombras**. 4. ed. Rio de Janeiro: Civilização Brasileira, 2008.

CHEIBUB, J. A.; GANDHI, J.; VREELAND, J. R. Democracy and Dictatorship Revisited. **Public Choice**, v. 143, n. 1-2, p. 67-101, ago. 2010. Disponível em: <https://doi.org/10.1007/s11127-009-9491-2>. Acesso em: 27 jun. 2023.

CHIARAMONTE, A.; EMANUELE, V. Party System Volatility, Regeneration and De-Institutionalization in Western Europe (1945-2015). **Party Politics**, v. 23, n. 4, p. 376-388, Ago. 2015. Disponível em: <http://www.vincenzoemanuele.com/uploads/8/0/5/1/80519836/party_politics-2015-chiaramonte-emanuele.pdf>. Acesso em: 27 jun. 2023.

CORRALES, J. The Expansion of LGBT Rights in Latin America and the Backlash. In: BOSIA, M. J.; MCEVOY, S. M.; RAHMAN, M. (Ed). **The Oxford Handbook of Global LGBT and Sexual Diversity Politics**. Oxford: Oxford University Press, 2020. p. 185-200.

CORRALES, J. Understanding The Uneven Spread of LGBT Rights in Latin America and The Caribbean, 1999-2013. **Journal of Research in Gender Studies**, v. 7, n. 1, p. 52-82, 2017.

COTTA, M.; BEST, H. (Ed.). **Democratic Representation in Europe**: Diversity, Change, and Convergence. Oxford; New York: Oxford University Press, 2007.

COTTA M.; VERZICHELLI, L. Paths of Institutional Development and Elite Transformations. In: COTTA, M.; BEST, H. (Ed.). **Democratic Representation in Europe**: Diversity, Change, and Convergence. Oxford; New York: Oxford University Press, 2007. p. 417-473.

COX, G. W. **Making Votes Count**: Strategic Coordination in the World's Electoral Systems. Cambridge: Cambridge University Press, 1997.

COX, G. W.; KOUSSER, J. M. Turnout and Rural Corruption: New York as a Test Case. **American Journal of Political Science**, v. 25, n. 4, p. 646-663, Nov. 1981. Disponível em: <https://doi.org/10.2307/2110757>. Acesso em: 27 jun. 2023.

COX, G. W.; MCCUBBINS, M. D. **Legislative Leviathan**: Party Government in the House. Berkeley: University of California Press, 1993.

CROOK, M. Universal Suffrage as Counter-Revolution? Electoral Mobilisation under the Second Republic in France, 1848-1851. **Journal of Historical Sociology**, v. 28, n. 1, p. 49-66, Mar. 2015. Disponível em: <https://doi.org/10.1111/johs.12035>. Acesso em: 27 jun. 2023.

DAHL, R. A. **Poliarquia**: participação e oposição. Tradução de Celso Mauro Paciornik. São Paulo: Edusp, [1971] 1997.

DALTON, R. J. **The Apartisan American**: Dealignment and Changing Electoral Politics. Washington: Sage, 2013.

DE CLEEN, B. Populism and Nationalism. In: KALTWASSER, C. R. et al. (Ed.). **The Oxford Handbook of Populism**. Oxford: Oxford University Press, 2017. p. 342-362.

DE LANGE, S. L.; MÜGGE, L. M. Gender and Right-Wing Populism in the Low Countries: Ideological Variations Across Parties and Time. **Patterns of Prejudice**, v. 49, n. 1-2, p. 61-80, Feb. 2015. Disponível em: <https://doi.org/10.1080/0031322X.2015.1014199>. Acesso em: 27 jun. 2023.

DIÁRIO DO CONGRESSO NACIONAL. 24 maio 1930. Disponível em: <https://imagem.camara.gov.br/Imagem/d/pdf/DCD24MAI1930.pdf#page=>. Acesso em: 27 jun. 2023.

DRUMMOND, A. J. Electoral Volatility and Party Decline in Western Democracies – 1970-1995. **Political Studies**, v. 54, n. 3, p. 628-647, 2006. Disponível em: <https://doi.org/10.1111/j.1467-9248.2006.00617.x>. Acesso em: 27 jun. 2023.

DUVERGER, M. **Os partidos políticos**. Tradução de Cristiano Monteiro Oiticica. Rio de Janeiro: Zahar; Brasília: Ed. UnB, 1970.

EPSTEIN, L. D. **Political Parties in Western Democracies**. New Brunswick: Transaction Books, 1980.

FERREIRA, J. O nome e a coisa: o populismo na política brasileira. In: FERREIRA, J. (Org.). **O populismo e sua história**: debate e crítica. Rio de Janeiro: Civilização Brasileira, 2001. p. 59-124.

FIMIANI, E. "**L'unanimità più uno**": plebisciti e potere, una storia europea (secoli XVIII-XX). Firenze: Le Monnier, 2017.

FRUCI, G. L. Il Sacramento dell'unità nazionale: linguaggi, iconografia e pratiche dei plebisciti risorgimentali – 1848-1870. In: BANTI, A. M.; GINSBORG, P. (Ed.). **Storia d'Italia**: Annali 22 – Il Risorgimento. Torino: Giulio Einaudi Editore, 2007. p. 567-605.

GALLAGHER, M. Introduction. In: GALLAGHER, M.; MARSH, M. (Ed.). **Candidate Selection in Comparative Perspective**: The Secret Garden of Politics. London: Sage, 1988.

GOMES, A. de C. **A invenção do trabalhismo**. Rio de Janeiro: FGV, 2015.

GRAUBARD, S. R. (Ed.). **Norden:** The Passion for Equality. Oslo: Norwegian University Press, 1986.

GRYNSZPAN, M. Os idiomas da patronagem: um estudo da trajetória de Tenório Cavalcanti. **Revista Brasileira de Ciências Sociais**, v. 5, n. 14, 1990. Disponível em: <https://www.anpocs.com/images/stories/RBCS/14/rbcs14_07.pdf>. Acesso em: 27 jun. 2023.

HABERMAS, J. **Direito e democracia**: entre facticidade e validade. Tradução de Flávio Beno Siebeneichler. Rio de Janeiro. Tempo Brasileiro, 1997. 2 v.

HAHNER, J. E. **Emancipação do sexo feminino**: a luta pelos direitos da mulher no Brasil – 1850-1940. Tradução de Eliane Tejera Lisboa. Florianópolis: Mulheres; Santa Cruz do Sul: Edunisc, 2003.

HARTLYN, J.; MCCOY, J.; MUSTILLO, T. M. Electoral Governance Matters: Explaining the Quality of Elections in Contemporary Latin America. **Comparative Political Studies**, v. 41, n. 1, p. 73-98, 2008. Disponível em: <https://doi.org/10.1177/0010414007301701>. Acesso em: 27 jun. 2023.

HAWKINS, K. A. Is Chávez Populist? Measuring Populist Discourse in Comparative Perspective. **Comparative Political Studies**, v. 42, n. 8, p. 1040-1067, Feb. 2009. Disponível em: <https://journals.sagepub.com/doi/10.1177/0010414009331721>. Acesso em: 27 jun. 2023.

HAZAN, R. Y. **Reforming Parliamentary Committees**: Israel in Comparative Perspective. Columbus: Ohio State University Press, 2001.

HAZAN, R. Y.; RAHAT, G. **Democracy within Parties**: Candidate Selection Methods and their Political Consequences. Oxford: Oxford University Press, 2010.

HELD, D. **Models of Democracy**. Stanford: Stanford University Press, 2006.

IGLESIAS, P. **Twitter**, 19 jul. 2022. Disponível em: <https://twitter.com/PabloIglesias/status/1549298315942133761>. Acesso em: 27 jun. 2023.

INGLEHART, R.; ABRAMSON, P. R. Economic Security and Value Change. **American Political Science Review**, v. 88, n. 2, p. 336-354, 1994. Disponível em: <https://doi.org/10.2307/2944708>. Acesso em: 27 jun. 2023.

INTER-PARLIAMENTARY UNION. **Women in parliament**. Disponível em: <https://www.ipu.org/impact/gender-equality/women-in-parliament>. Acesso em: 27 jun. 2023.

IVALDI, G.; LANZONE, M. E.; WOODS, D. Varieties of Populism Across a Left-Right Spectrum: The Case of The Front National, The Northern League, Podemos and Five Star Movement. **Swiss Political Science Review**, v. 23, n. 4, p. 354-376, Dec. 2017. Disponível em: <https://doi.org/10.1111/spsr.12278>. Acesso em: 27 jun. 2023.

JAGERS, J.; WALGRAVE, S. Populism as Political Communication Style: An Empirical Study of Political Parties' Discourse in Belgium. **European Journal of Political Research**, v. 46, n. 3, p. 319-345, maio 2007. Disponível em: <https://doi.org/10.1111/j.1475-6765.2006.00690.x>. Acesso em: 27 jun. 2023.

KALTWASSER, C. R. et al. (Ed.). **The Oxford Handbook of Populism**. Oxford: Oxford University Press, 2017.

KALYVAS, S. N. **The Rise of Christian Democracy in Europe**. Ithaca: Cornell University Press, 1996.

KAM, C. The Secret Ballot and the Market for Votes at 19th-Century British Elections. **Comparative Political Studies**, v. 50, n. 5, p. 594-635, jul. 2016. Disponível em: <https://doi.org/10.1177/0010414015626451>. Acesso em: 27 jun. 2023.

KARAWEJCZYK, M. Voto feminino: trâmites legais e movimento sufragista. In: RICCI, P. (Org.). **O autoritarismo eleitoral dos anos trinta e o Código Eleitoral de 1932**. Curitiba: Appris, 2019. p. 109-137.

KATZ, R. S.; MAIR, P. Changing Models of Party Organization and Party Democracy: the Emergence of the Cartel Party. **Party Politics**, v. 1, n. 1, p. 5-28, 1995. Disponível em: <https://journals.sagepub.com/doi/10.1177/1354068895001001001>. Acesso em: 27 jun. 2023.

KATZ, R. S.; KOLODNY, R. Party Organization as an Empty Vessel: Parties in American Politics. In: KATZ, R. S.; MAIR, P. (Ed.). **How Parties Organize**: Change and Adaptation in Party Organizations in Western Democracies. London: Sage, 1994. p. 23-50.

KEIL, A. "We Need to rediscover our Manliness…". The Language of Gender and Authenticity in German Right-Wing Populism. **Journal of Language and Politics**, v. 19, n. 1, p. 107-124, Mar. 2020. Disponível em: <https://doi.org/10.1075/jlp.19091.kei>. Acesso em: 27 jun. 2023.

KEYSSAR, A. **O direito de voto**: a controversa história da democracia nos Estados Unidos. Tradução de Márcia Epstein. São Paulo: Unesp, 2014.

KINZO, M. D. G. **Representação política e sistema eleitoral no Brasil**. São Paulo: Símbolo, 1980.

KIRCHHEIMER, O. The Transformation of the Western European Party Systems. In: LA PALOMBARA, J.; WEINER, M. **Political Parties and Political Development (SPD-6)**. Princeton: Princeton University Press, 2015 [1966]. p. 177-200. Disponível em: <https://doi.org/10.1515/9781400875337-007>. Acesso em: 27 jun. 2023.

KITSCHELT, H. Organization and Strategy of Belgian and West German Ecology Parties: A New Dynamic of Party Politics in Western Europe? **Comparative Politics**, v. 20, n. 2, p. 127-154, jan. 1988. Disponível em: <https://doi.org/10.2307/421663>. Acesso em: 27 jun. 2023.

KITSCHELT, H.; HELLEMANS, S. The Left-Right Semantics and the New Politics Cleavage. **Comparative Political Studies**, v. 23, n. 2, p. 210-238, Jul. 1990. Disponível em: <https://doi.org/10.1177/0010414090023002003>. Acesso em: 27 jun. 2023.

LAAKSO, M.; TAAGEPERA, R. "Effective" Number of Parties: A Measure with Application to West Europe. **Comparative Political Studies**, v. 12, n. 1, p. 3-27, abr. 1979. Disponível em: <https://doi.org/10.1177/001041407901200101>. Acesso em: 27 jun. 2023

LACLAU, E. **On Populist Reason**. New York: Verso, 2005.

LANCHESTER. F. **Sistemi elettorali e forma di governo**. Bologna: Il Mulino, 1981.

LATINOBARÓMETRO. Disponível em: <https://www.latinobarometro.org/lat.jsp>. Acesso em: 27 jun. 2023.

LEAL, V. N. **Coronelismo, enxada e voto**: o município e o regime representativo no Brasil. 3. ed. Rio de Janeiro: Nova Fronteira, 1997.

LEHOUCQ, F. E. Can Parties Police Themselves? Electoral Governance and Democratization. **International Political Science Review**, v. 23, n.1, p. 29-46, 2002. Disponível em: <https://doi.org/10.1177/0192512102023001002>. Acesso em: 27 jun. 2023.

LEHOUCQ, F. E.; MOLINA, I. **Stuffing the Ballot Box**: Fraud, Electoral Reform, and Democratization in Costa Rica. New York: Cambridge University Press, 2002.

LEITÃO, J. H. de S. Partidos estaduaes. **Jornal do Brasil**, n. 279, 23 nov. 1932. p. 5.

LESSA, R. **A invenção republicana**: Campos Sales, as bases e a decadência da Primeira República brasileira. Rio de Janeiro: Topbooks, 1999.

LIJPHART, A. **Modelos de democracia**: desempenho e padrões de governo em 36 países. Tradução de Vera Caputo. Rio de Janeiro: Civilização Brasileira, 2003.

LIMONGI, F. Fazendo eleitores e eleições: mobilização política e democracia no Brasil pós-Estado Novo. **Dados – Revista de Ciências Sociais**, v. 58, n. 2, p. 371-400, 2015. Disponível em: <https://doi.org/10.1590/00115258201547>. Acesso em: 27 jun. 2023.

LIMONGI, F.; CHEIBUB, J. A.; CHEIBUB A. F. Participação política. In: ARRETCHE, M. (Org.). **Trajetórias das desigualdades**: como o Brasil mudou nos últimos cinquenta anos. São Paulo: Unesp, 2015. p. 23-50.

LIMONGI, F.; OLIVEIRA, J. de S.; SCHMITT, S. T. Sufrágio universal, mas... só para homens. O voto feminino no Brasil. **Revista de Sociologia e Política**, v. 27, n. 70, p. 1-14, 2019. Disponível em: <https://www.scielo.br/j/rsocp/a/FYkrhym6TpRzRf78q7F7Mmq/?lang=pt>. Acesso em: 27 jun. 2023.

LIPSET, S. M.; ROKKAN, S. (Ed.). **Party Systems and Voter Alignments**: Cross-National Perspectives. Toronto: Free Press, 1967.

LONČAR, J. Power-Sharing in Kosovo: Effects of Ethnic Quotas and Minority Veto. In: TEOKAREVIČ, J.; BALIQI, B.; SURLIČ, S. (Ed.). **Perspectives of a Multiethnic Society in Kosovo**. Belgrade: Youth Initiative for Human Rights, 2015. p. 359-373.

MAINWARING, S.; GERVASONI, C.; ESPAÑA-NAJERA, A. Extra- and Within-System Electoral Volatility. **Party Politics**, v. 23, n. 6, p. 623-635, Jan. 2017. Disponível em: <https://journals.sagepub.com/doi/abs/10.1177/1354068815625229>. Acesso em: 27 jun. 2023.

MANIN, B. **The Principles of Representative Government**. Cambridge: Cambridge University Press, 1997.

MARCH, L. **Radical Left Parties in Europe**. Abingdon: Routledge, 2011.

MARES, I. **From Open Secrets to Secret Voting**: Democratic Electoral Reforms and Voter Autonomy. New York: Cambridge University Press, 2015.

MARONGIU, A. **Medieval Parliaments**: A Comparative Study. London: Eyre & Spottiswoode, 1968.

MARSHALL, T. H. **Cidadania, classe social e status**. Tradução de Meton Porto Gadelha. Rio de Janeiro: Zahar, 1967.

MARTIN, J. E. Political Participation and Electoral Change in Nineteenth-Century New Zealand. **Political Science**, v. 57, n. 1, p. 39-58, jun. 2005. Disponível em: <https://doi.org/10.1177/003231870505700104>. Acesso em: 21 abr. 2023.

MAYHEW, D. R. **Congress**: The Electoral Connection. New Haven: Yale University Press, 1974.

MOFFITT, B. **Populism**. Nova Jersey: John Wiley & Sons, 2020.

MORELLI, F. Entre el antiguo y el nuevo régimen: la historia política hispanoamericana del siglo XIX. **História Crítica**, n. 33, p. 122-155, 2007. Disponível em: <https://doi.org/10.7440/histcrit33.2007.05>. Acesso em: 27 jun. 2023.

MOUFFE, C. **For a Left Populism**. London: Verso Books, 2018.

MUDDE, C. **Populist Radical Right Parties in Europe**. Cambridge: Cambridge University Press, 2007.

MUDDE, C. (Ed.). **The Populist Radical Right**: A Reader. Nova York: Routledge, 2017.

MUDDE, C.; KALTWASSER, C. R. Exclusionary vs. Inclusionary Populism: Comparing Contemporary Europe and Latin America. **Government & Opposition**, v. 48, n. 2, p. 147-174, 2013. Disponível em: <https://www.cambridge.org/core/journals/government-and-opposition/article/exclusionary-vs-inclusionary-populism-comparing-contemporary-europe-and-latin-america/AAB33C1316BE16B8E4DE229519362E27>. Acesso em: 27 jun. 2023.

MUDDE, C.; KALTWASSER, C. R. **Populism**: A Very Short Introduction. 2. ed. New York: Oxford University Press, 2017.

MUDDE, C.; KALTWASSER, C. R. (Ed.). **Populism in Europe and the Americas**: Threat or Corretive for Democracy? Cambridge: Cambridge University Press, 2012.

MÜLLER, J.-W. **What is Populism?** London: Penguin, 2017.

NASCIMENTO, A. C. do. O bonde do desejo: o movimento feminista no Recife e o debate em torno do sexismo (1927-1931). **Revista Estudos Feministas**, v. 21, n. 1, p. 41-57, jan./abr. 2013. Disponível em: <https://doi.org/10.1590/S0104-026X2013000100003>. Acesso em: 27 jun. 2023.

NEGRO, A. L. Paternalismo, populismo e história social. **Cadernos AEL**, v. 11, n. 20/21, p. 9-37, 2004. Disponível em: <https://repositorio.ufba.br/bitstream/ri/24672/1/2004%20negro%20CADs%20AEL.PDF>. Acesso em: 27 jun. 2023.

NEIVA; P.; IZUMI, M. Perfil profissional e distribuição regional dos senadores brasileiros em dois séculos de história. **Revista Brasileira de Ciências Sociais**, v. 29, n. 84, p. 165-188, fev. 2014. Disponível em: <https://doi.org/10.1590/S0102-69092014000100011>. Accsso em: 27 jun. 2023.

NIESS, A. Démocratie, citoyenneté, régimes électoraux et élections em France de 1789 à 1899. **Parlement[S], Revue D'histoire Politique**, n. 22, n. 3, p. 15-24, 2014. Disponível em: <https://doi.org/10.3917/parl1.022.0015>. Acesso em: 27 jun. 2023.

NOGUEIRA, O. **A Constituinte de 1946:** Getúlio, o sujeito oculto. São Paulo: M. Fontes, 2005.

NORRIS, P.; LOVENDUSKI, J. 'If Only More Candidates Came Forward': Supply-Side Explanations of Candidate Selection in Britain. **British Journal of Political Science**, v. 23, n. 3, p. 373-408, 1993. Disponível em: <https://doi.org/10.1017/S0007123400006657>. Acesso em: 27 jun. 2023.

O'BROCHTA, W. Citizen Responses to Ethnic Representation. **Political Studies**, v. 71, n. 2, p. 418-439, jun. 2021. Disponível em: <https://doi.org/10.1177/00323217211019834>. Acesso em: 27 jun. 2023.

O'DONNELL, G. Teoria democrática e política comparada. **Dados**, v. 42, n. 4, p. 577-654, 1999. Disponível em: <https://doi.org/10.1590/S0011-52581999000400001>. Acesso em: 27 jun. 2023.

O'GORMAN, F. **Voters, Patrons, and Parties:** The Unreformed Electorate of Hanoverian England – 1734-1832. Oxford: Clarendon Press, 1989.

O'LEARY, C. **The Elimination of Corrupt Practices in British Elections:** 1868-1911. Oxford: Clarendon Press, 1962.

ONU MULHERES. **Brasil:** onde está o compromisso com as mulheres? – Um longo caminho para se chegar à paridade. **PNUD Brasil**, 24 set. 2020. Disponível em: <https://www.undp.org/pt/brazil/publications/projeto-atenea-brasil-onde-esta-o-compromisso-com-mulheres>. Acesso em: 27 jun. 2023.

OROFINO, M. **Indennità e Rappresentanza.** Torino: Giappichelli. 2020.

PANEBIANCO, A. **Modelos de partido**: organização e poder nos partidos políticos. Tradução de Denise Agostinetti. São Paulo: M. Fontes, 2005.

PARLGOV PROJECT. Disponível em: <https://www.parlgov.org/>. Acesso em: 27 jun. 2023.

PASTOR, R. A. The Role of Electoral Administration in Democratic Transitions: Implications for Policy and Research. **Democratization**, v. 6, n. 4, p. 1-27, dez. 1999. Disponível em: <https://doi.org/10.1080/13510349908403630>. Acesso em: 27 jun. 2023

PAYNE, L. A.; SANTOS, A. A. de S. The Right-Wing Backlash in Brazil and Beyond. **Politics & Gender**, v. 16, n. 1, 2020. Disponível em: <https://doi.org/10.1017/S1743923X20000057>. Acesso em: 27 jun. 2023.

PEDERSEN, M. N. The Dynamics of European Party Systems: Changing Patterns of Electoral Volatility. **European Journal of Political Research**, v. 7, n. 1, p. 1-26, Mar. 1979. Disponível em: <https://doi.org/10.1111/j.1475-6765.1979.tb01267.x>. Acesso em: 27 jun. 2023.

PINTO, C. R. J. Elas não ficaram em casa: as primeiras mulheres deputadas na década de 1950 no Brasil. **Varia História**, Belo Horizonte, v. 33, n. 62, p. 459-490, maio/ago. 2017. Disponível em: <https://doi.org/10.1590/0104-87752017000200008>. Acesso em: 27 jun. 2023.

PINTO, C. R. J.; SILVEIRA, A. Mulheres com carreiras políticas longevas no legislativo brasileiro (1950-2014). **Opinião Pública**, Campinas, v. 24, n. 1, p. 178-208, jan./abr. 2018. Disponível em: <https://doi.org/10.1590/1807-01912018241178>. Acesso em: 27 jun. 2023.

PIZZORNO, A. Decisioni o interazioni? La micro-descrizione del cambiamento sociale. **Rassegna Italiana Di Sociologia**, v. 37, n. 1, p. 107-132, 1996.

PORTO, W. C. **A mentirosa urna**. São Paulo: M. Fontes, 2004.

POSADA-CARBÓ, E. Electoral Juggling: A Comparative History of the Corruption of Suffrage in Latin America, 1830-1930. **Journal of Latin American Studies**, v. 32, n. 3, p. 611-644, out. 2000. Disponível em: <https://www.jstor.org/stable/158612>. Acesso em: 27 jun. 2023.

POSADA-CARBÓ, E. The History of Democracy in Latin America and the Caribbean, 1800-1870: An Introduction. **Journal of Iberian and Latin American Studies**, v. 26, n. 2, p. 107-111, Jul. 2020. Disponível em: <https://doi.org/10.1080/14701847.2020.1790228>. Acesso em: 27 jun. 2023.

PRICE, R. **The French Second Empire**: An Anatomy of Political Power. Cambridge: Cambridge University Press, 2001.

PRZEWORSKI, A. Conquered or Granted? A History of Suffrage Extensions. **British Journal of Political Science**, v. 39, n. 2, p. 291-321, abr. 2009. Disponível em: <https://doi.org/10.1017/S0007123408000434>. Acesso em: 27 jun. 2023.

PRZEWORSKI, A. **Crises da democracia**. Tradução de Berilo Vargas. Rio de Janeiro: Zahar, 2020.

PRZEWORSKI, A. Una defensa de la concepción minimalista de la democracia. **Revista Mexicana de Sociología**, v. 59, n. 3, p. 3-36, jul./set. 1997. Disponível em: <https://doi.org/10.2307/3541371>. Acesso em: 27 jun. 2023.

QUEIROZ, M. I. P. de. O coronelismo numa interpretação sociológica. In: FAUSTO, B. (Org.). **História geral da civilização brasileira**: o Brasil republicano. Rio de Janeiro: Bertrand Brasil, 1997. p. 172-212.

RAE, D. W. **The Political Consequences of Electoral Laws.** New Haven: Yale University Press, 1971.

REILLY, B.; REYNOLDS, A. **Electoral Systems and Conflict in Divided Societies**. Washington: National Academy Press, 1999.

RICCI, P. As eleições dos anos 1930: coordenação pré-eleitoral em tempos de voto secreto. **Estudos Históricos**, Rio de Janeiro, v. 35, n. 75, p. 72-94, jan./abr. 2022. Disponível em: <https://doi.org/10.1590/S2178-149420220105>. Acesso em: 27 jun. 2023.

RICCI, P. (Org.). **O autoritarismo eleitoral dos anos trinta e o código eleitoral de 1932**. Curitiba: Appris, 2019.

RICCI, P.; IZUMI, M.; MOREIRA, D. O populismo no Brasil (1985-2019): um velho conceito a partir de uma nova abordagem. **Revista Brasileira de Ciências Sociais**, v. 36, n. 107, 2021. Disponível em: <https://doi.org/10.1590/3610707/2021>. Acesso em: 27 jun. 2023.

RICCI, P.; SILVA, G. O. A representação (quase) proporcional e os pleitos de 1933 e 1934. In: RICCI, P. (Org.). **O autoritarismo eleitoral dos anos trinta e o código eleitoral de 1932**. Curitiba: Appris, 2019. p. 61-82.

RICCI, P.; ZULINI, J. P. **Almanaque de dados eleitorais**: Primeira República. Brasília: TSE (no prelo), 2023.

RICCI, P.; ZULINI, J. P. Nem só à base de cacete, nem apenas com presentes: sobre como se garantiam votos na Primeira República. In: VISCARDI, C. M. R.; ALENCAR, J. A. (Org.). **A República revisitada**: construção e consolidação do projeto republicano brasileiro. Porto Alegre: Edipucrs, 2016. p. 195-225.

RICCI, P.; ZULINI, J. P. Partidos, competição política e fraude eleitoral: a tônica das eleições na Primeira República. **Dados – Revista de Ciências Sociais**, Rio de Janeiro, v. 57, n. 2, p. 443-479, 2014. Disponível em: <https://doi.org/10.1590/0011-5258201414>. Acesso em: 27 jun. 2023.

RICCI, P.; ZULINI, J. P. Quem ganhou as eleições? a validação dos resultados antes da criação da Justiça Eleitoral. **Revista de Sociologia e Política**, v. 21, n. 45, p. 91-105, mar. 2013. Disponível em: <https://doi.org/10.1590/S0104-44782013000100008>. Acesso em: 27 jun. 2023.

RICCI, P.; ZULINI, J. P. The Meaning of Electoral Fraud in Oligarchic Regimes: Lessons from the Brazilian Case (1899-1930). **Journal Of Latin American Studies**, v. 49, n. 2, p. 243-268, 2017. Disponível em: <https://doi.org/10.1017/S0022216X16001371>. Acesso em: 27 jun. 2023.

RIERA, P.; PASTOR, M. Cordons Sanitaires or Tainted Coalitions? The Electoral Consequences of Populist Participation in Government. **Party Politics**, v. 28, n. 5, p. 889-902, 2022. Disponível em: <https://journals.sagepub.com/doi/10.1177/13540688211026526>. Acesso em: 27 jun. 2023.

ROBERTS, K. M. Populism and political parties. In: KALTWASSER, C. R. et al. (Ed.). **The Oxford Handbook of Populism**. Oxford: Oxford University Press, 2017. p. 287-304.

ROKKAN, S. **Citizens, Elections, Parties**: Approaches to the Comparative Study of the Process of Development. Oslo: Universitetsforlaget, 1970.

ROMANELLI, R. (Ed.). **How Did They Become Voters?** The History of Franchise in Modern European Representation. Boston: Kluwer Law International, 1998.

ROODUIJN, M. State of the Field: How to Study Populism and Adjacent Topics? A Plea for Both More and Less Focus. **European Journal of Political Research**, v. 58, n. 1, p. 362-372, Feb. 2019. Disponível em: <https://ejpr.onlinelibrary.wiley.com/doi/abs/10.1111/1475-6765.12314>. Acesso em: 27 jun. 2023.

ROODUIJN, M. The Mesmerising Message: The Diffusion of Populism in Public Debates in Western European Media. **Political Studies**, v. 62, n. 4, p. 726-744, 2014. Disponível em: <https://doi.org/10.1111/1467-9248.12074>. Acesso em: 27 jun. 2023.

ROODUIJN, M.; AKKERMAN, T. Flank Attacks: Populism and Left-Right Radicalism in Western Europe. **Party Politics**, v. 23, n. 3, p. 193-204, 2017. Disponível em: <https://journals.sagepub.com/doi/10.1177/1354068815596514>. Acesso em: 27 jun. 2023.

ROODUIJN, M.; DE LANGE, S. L.; VAN DER BRUG, W. A Populist Zeitgeist? Programmatic Contagion by Populist Parties in Western Europe. **Party Politics**, v. 20, n. 4, p. 563-575, 2014. Disponível em: <https://doi.org/10.1177/1354068811436065>. Acesso em: 27 jun. 2023.

ROSANVALLON, P.; GOLDHAMMER, A. **Counter-Democracy**. Cambridge: Cambridge University Press, 2008.

RUBIO-MARÍN, R. The Achievement of Female Suffrage in Europe: On Women's Citizenship. **International Journal of Constitutional Law**, v. 12, n. 1, p. 4-34, jan. 2014. Disponível em: <https://doi.org/10.1093/icon/mot067>. Acesso em: 27 jun. 2023.

SABATO. H. **Republics of the New World**: The Revolutionary Political Experiment in Nineteenth-Century Latin America. New Jersey: Princeton University Press, 2018.

SACCHET, T. Por que as cotas de gênero não funcionam no Brasil? O papel do sistema eleitoral e o financiamento político. **Colombia Internacional**, n. 95, p. 25-54, 2018. Disponível em: <https://doi.org/10.7440/colombiaint95.2018.02>. Acesso em: 27 jun. 2023.

SADEK, M. T. A crise do judiciário vista pelos juízes: resultados de uma pesquisa quantitativa. In: SADEK, M. T. (Org.). **Uma introdução ao estudo da Justiça**. Rio de Janeiro: Centro Edelstein de Pesquisas Sociais, 2010. p. 17-31. Disponível em: <https://www2.cjf.jus.br/pergamumweb/vinculos/00003c/00003c93.pdf>. Acesso em: 27 jun. 2023.

SAFFON, M. P.; URBINATI, N. Procedural Democracy, the Bulwark of Equal Liberty. **Political Theory**, v. 41, n. 3, p. 441-481, fev. 2013. Disponível em: <https://doi.org/10.1177/0090591713476872>. Acesso em: 27 jun. 2023.

SALVINI, M. Salvini: chi non vuole l'autonomia premia ladri e incapaci del Sud. **Agenzia Giornalistica Italia**, 5 ago. 2019. Disponível em: <https://www.agi.it/politica/salvini_autonomia_sud_ladri-5969959/news/2019-08-05/>. Acesso em: 27 jun. 2023.

SANTOS, R. de O. **Código eleitoral anotado**. Rio de Janeiro: Metrópole, 1937.

SANTOS, W. G. dos; **A difusão parlamentar do sistema partidário**: exposição do caso brasileiro. Rio de Janeiro: Ed. da UFRJ, 2018.

SCHLEGEL, R.; NÓBREGA, J. Qual voto secreto? O Código Eleitoral de 1932 e as transformações no sigilo do voto. In: RICCI, P. (Org.). **O autoritarismo eleitoral dos anos trinta e o Código Eleitoral De 1932**. Curitiba: Appris, 2019. p. 83-108.

SCHUMPETER, J. A. **Capitalismo, socialismo e democracia**. Tradução de Luiz Antônio Oliveira de Araújo. São Paulo: Unesp, 2017 [1942].

SIMONSEN, K. B.; BONIKOWSKI, B. Is Civic Nationalism Necessarily Inclusive? Conceptions of Nationhood and Anti-Muslim Attitudes in Europe. **European Journal of Political Research**, v. 59, n. 1, p. 114-136, Feb. 2020. Disponível em: <https://doi.org/10.1111/1475-6765.12337>. Acesso em: 27 jun. 2023.

SOIHET, R. **O feminismo tático de Bertha Lutz**. Rio de Janeiro: Mulheres, 2006.

SOLDEVILLA, F. T. (Ed.). **Una onda expansiva:** las revocatorias en el Perú y América Latina. Lima: Jurado Nacional De Elecciones; Pontificia Universidad Católica Del Perú, 2014.

SOUZA, A. de O. B. de. **A construção do edifício eleitoral**: magistratura letrada e administração das eleições no Brasil – 1881-1932. Jundiaí: Paco Editorial, 2018.

STAVRAKAKIS, Y. et al. Extreme Right-Wing Populism in Europe: Revisiting a Reified Association. **Critical Discourse Studies**, v. 14, n. 4, p. 420-439, Apr. 2017. Disponível em: <http://dx.doi.org/10.1080/17405904.2017.1309325>. Acesso em: 27 jun. 2023.

STOKES, S. C. et al. **Brokers, Voters, And Clientelism:** The Puzzle of Distributive Politics. Cambridge: Cambridge University Press, 2013.

SUNDBERG, J. Professionalized Organizations. In: KATZ, R. S.; MAIR, P. (Ed.). **How Parties Organize:** Change and Adaptation in Party Organizations in Western Democracies. London: Sage Publications, 1994. p. 158-185.

TAVARES, O. **Fernando Collor:** o discurso messiânico, o clamor ao sagrado. São Paulo: Annablume, 1998.

TERNAVASIO, M. **La revolución del voto**: política y elecciones en Buenos Aires, 1810-1852. Buenos Aires: Siglo Veintiuno, 2003.

TGCOM24. Salvini "ospite" per una notte al Cara: "Gentiloni tace su ong, è complice". 2 maio 2017. Disponível em: <https://www.tgcom24.mediaset.it/politica/salvini-ospite-per-una-notte-al-cara-gentiloni-tace-su-ong-e-complice-_3069482-201702a.shtml>. Acesso em: 27 jun. 2023.

THOMAS, S. **How Women Legislate**. Oxford: Oxford University Press, 1994.

TIERNEY, S. **Constitutional Referendums**: The Theory and Practice of Republican Deliberation. Oxford: Oxford University Press, 2012.

TOGEBY, L. The Political Representation of Ethnic Minorities: Denmark as a Deviant Case. **Party Politics**, v. 14, n. 3, p. 325-343, May 2008. Disponível em: <https://doi.org/10.1177/1354068807088125>. Acesso em: 27 jun. 2023.

TOMIO, F. R. de L. Autonomia municipal e criação de governos locais: A peculiaridade institucional brasileira. **Revista da Faculdade de Direito UFPR**, Curitiba, n. 42, 2005. Disponível em: <http://dx.doi.org/10.5380/rdufpr.v42i0.5178>. Acesso em: 27 jun. 2023.

TSE – Tribunal Superior Eleitoral. Disponível em: <https://www.tse.jus.br/>. Acesso em: 14 abr. 2023.

TSEBELIS, G. **Atores com poder de veto**: como funcionam as instituições políticas. Tradução de Micheline Christophe. Rio de Janeiro: FGV, 2014.

URBINATI, N. Democracy and Populism. **Constellations**, v. 5, n. 1, p. 110-124, 1998. Disponível em: <https://doi.org/10.1111/1467-8675.00080>. Acesso em: 27 jun. 2023.

VARGAS, G. **14 de maio de 1932**: a revolução e o regime legal – manifesto à nação, em sessão solene, no edifício da Câmara dos Deputados. Disponível em: <https://www.biblioteca.presidencia.gov.br/presidencia/ex-presidentes/getulio-vargas/discursos/1932/14-de-maio-de-1932-a-revolucao-e-o-regime-legal-manifesto-a-nacao-em-sessao-solene-no-edificio-da-camara-dos-deputados/view>. Acesso em: 27 jun. 2023.

VARGAS, G. **01 de janeiro de 1936**: o levante comunista de 27 de novembro de 1935 – saudação ao povo brasileiro. Disponível em: <https://www.biblioteca.presidencia.gov.br/presidencia/ex-presidentes/getulio-vargas/discursos/1936/01.pdf/view>. Acesso em: 27 jun. 2023.

VARGAS, G. **A política trabalhista do governo e seus benefícios**. 1940. Disponível em: <http://www.biblioteca.presidencia.gov.br/presidencia/ex-presidentes/getulio-vargas/discursos/1940/16.pdf/@@download/file/16.pdf>. Acesso em: 27 jun. 2023.

V-DEM – Varieties of Democracy. **Graphing Tools**. Disponível em: <https://www.v-dem.net/graphing/graphing-tools/>. Acesso em: 27 jun. 2023.

VISCARDI, C. M. R. **O teatro das oligarquias**: uma revisão da "política do café com leite". Belo Horizonte: C/Arte, 2001.

WÄNGNERUD, L. Women in Parliaments: Descriptive and Substantive Representation. **Annual Review of Political Science**, v. 12, n. 1, p. 51-69, Jun. 2009. Disponível em: <https://www.annualreviews.org/doi/abs/10.1146/annurev.polisci.11.053106.123839>. Acesso em: 27 jun. 2023.

WEBER, M. **Economia e sociedade:** fundamentos da sociologia compreensiva. Tradução de Regis Barbosa e Karen Elsabe Barbosa. Brasília: UnB, 1976. Disponível em: <https://www.google.com.br/books/edition/Economia_e_sociedade/XSWQDAEACAAJ?hl=pt-BR>. Acesso em: 27 jun. 2023.

WEFFORT, F. C. **O populismo na política brasileira.** 4. ed. Rio de Janeiro: Paz e Terra, 1980.

WELP, Y. Recall Referendums in Peruvian Municipalities: A Political Weapon for Bad Losers or an Instrument of Accountability? **Democratization,** v. 23, n. 7, p. 1162-1179, 2016. Disponível em: <https://doi.org/10.1080/13510347.2015.1060222>. Acesso em: 27 jun. 2023.

WELP, Y.; MILANESE, J. P. Playing by the Rules of the Game: Partisan Use of *Recall* Referendums in Colombia. **Democratization,** v. 25, n. 8, p. 1379-1396, 2018. Disponível em: <https://doi.org/10.1080/13510347.2017.1421176>. Acesso em: 27 jun. 2023.

WEYLAND, K. Clarifying a Contested Concept: Populism in the Study of Latin American Politics. **Comparative Politics,** v. 34, n. 1, p. 1-22, Oct. 2001. Disponível em: <https://doi.org/10.2307/422412>. Acesso em: 27 jun. 2023.

YOUNG, I. M. **Justice and the Politics of Difference.** Princeton: Princeton University Press, 1990.

ZIBLATT, D. Shaping Democratic Practice and the Causes of Electoral Fraud: The Case of Nineteenth-Century Germany. **American Political Science Review,** v. 103, n. 1, p. 1-21, fev. 2009. Disponível em: <https://doi.org/10.1017/S0003055409090042>. Acesso em: 27 jun. 2023.

ZIMMERMANN, E. Elections and the Origins of an Argentine Democratic Tradition, 1810-1880. **Working Paper**, n. 365, Dec. 2009. Disponível em: <https://kellogg.nd.edu/sites/default/files/old_files/documents/365_0.pdf>. Acesso em: 27 jun. 2023.

ZULINI, P. J. Por além do discurso moralizador: os interesses políticos e o impacto da criação da Justiça Eleitoral em 1932. In: RICCI, P. (Org.). **O autoritarismo eleitoral dos anos trinta e o código eleitoral de 1932**. Curitiba: Appris, 2019. p. 163-198.

Respostas

Capítulo 1

Questões para revisão

1. De acordo com Manin (1997), a centralidade do mecanismo eleitoral deriva da necessidade dos governos de se legitimar perante o povo. Contrapondo-se ao governo hereditário, as eleições eram, nesses termos, um meio de legitimação política das elites.
2. c
3. As eleições tinham um caráter aristocrático. As barreiras à entrada no parlamento derivavam de uma ideia de representação elitista, isto é, baseada na convicção de que apenas aos mais qualificados (os melhores, como se dizia na época) seria permitido governar a coisa pública. Essa característica da representação política se atenuou com o tempo, sobretudo por conta da redução dos poderes do monarca, da extensão dos direitos políticos e da mudança do sistema eleitoral (adotando-se a representação proporcional). Entretanto, ainda hoje as eleições têm um caráter aristocrático, segundo o qual a pretensão é escolher pessoas preparadas e aptas para governar e tomar decisões públicas.

4. b
5. d

Capítulo 2

Questões para revisão

1. A abordagem minimalista limita a democracia ao método de seleção de uma elite política por meio de eleições periódicas realizadas em um clima de livre concorrência. Nesse contexto, um país é democrático quando os governantes podem ser removidos por meio do voto de uma maioria de cidadãos.

   O elemento-chave é a ideia de que quem governa aceita uma eventual derrota eleitoral, tornando-se oposição e deixando governar quem o derrotou. Alternativamente, conforme Robert Dahl (1997), a democracia seria o produto da extensão de duas dimensões principais: contestação pública e inclusão (ou participação política). Nesse caso, contestação implica a entrada de quem quiser participar para eventualmente sancionar quem está no poder. A participação, por sua vez, está intrinsicamente fundada no reconhecimento de que o voto deve ser exercido por meio de determinadas garantias de liberdade.

   Ainda que tais abordagens sejam apresentadas separadamente no debate acadêmico, elas não se distanciam muito uma da outra e são, de certa forma, congruentes. O fato é que a definição minimalista assume as condições prévias para a disputa de eleições – os direitos e as liberdades – simplesmente porque, sem elas, o governo no cargo não poderia ser derrotado. Ou seja, as definições minimalistas, processualistas ou schumpeterianas pressupõem a existência de algumas liberdades básicas, ou garantias fundamentais, para que a disputa entre os partidos ocorra e, sobretudo, para que o resultado seja respeitado.

2. d
3. A mudança do sistema eleitoral é central para descrever os processos de democratização do início do século XX. Em particular, a transição de um sistema majoritário para uma representação proporcional é considerada um ingrediente indispensável da democracia, pois permite o acesso das minorias, reduzindo barreiras contra a representação de novos partidos. Isso aconteceu no Brasil em 1932, quando o Código Eleitoral adotou um sistema eleitoral misto, mas prevalentemente proporcional. Foi algo inédito na história política brasileira: pela primeira vez, podíamos observar uma partilha das cadeiras, com a presença de partidos de oposição, algo inconcebível na Primeira República.
4. c
5. b

Capítulo 3

Questões para revisão

1. Naquela época, em todos os países, o voto era primeiramente um ato político local, ou seja, o município representava o espaço físico em que ocorriam as eleições e o voto não tinha expressão nacional. O voto era também um ato coletivo. Desde o alistamento até o ato de depositar a cédula na urna, a prática no município era de mobilização em grupo dos votantes, os quais eram levados, instruídos e organizados por atores locais. Por fim, o voto, na época, era um ato público. Em suas origens, votar implicava se manifestar publicamente em favor de um candidato.
2. e

3. Clientelismo e fraude eram duas componentes da eleição no século XIX. Entretanto, expressavam duas práticas distintas. A primeira pode ser considerada uma prática difusa, na qual o voto expressava uma mercadoria: trocava-se votos por benefícios materiais e proteção social. A fraude eleitoral constituía uma forma de disputa sobre as fases eleitorais entre partidos e candidatos, ou seja, competia-se pelo controle, do alistamento até a fase da contagem dos votos, para poder garantir o sucesso eleitoral. Portanto, apenas a fraude pode ser pensada como prática destinada à manipulação do voto. O clientelismo, por sua vez, representava diferentes formas de relacionamentos sociais que não necessariamente estavam limitados ao momento da eleição, mas se manifestavam no dia a dia.
4. e
5. a

Capítulo 4

Questões para revisão

1. A literatura que faz uso de noções tipológicas para qualificar os partidos – partidos de quadros, partidos de massa, partidos pega-tudo e partidos cartel – é a mais conhecida e permite introduzir o tema das mudanças nos partidos desde o século XIX até os dias de hoje. Os estudiosos que se situam nessa abordagem privilegiam um enfoque nos elementos organizacionais dos partidos. Já a abordagem genética trata dos processos por meio dos quais os partidos e sistemas partidários se **desenvolvem** e se **cristalizam** no tempo. Assim, enfatizando o elo com a sociedade, podemos entender melhor a relação entre partidos e eleitores no século XXI, geralmente

enquadrada em uma desconfiança da sociedade e do cidadão comum em relação aos partidos e, de forma mais ampla, à própria democracia.
2. d
3. Os autores tendem a se concentrar em três indicadores para mostrar o declínio nos vínculos tradicionais entre eleitores e partidos: 1) o desalinhamento partidário, sugerindo um enfraquecimento do vínculo partidário de caráter ideológico; 2) a volatilidade eleitoral, que mede as variações nas preferências dos eleitores entre duas eleições consecutivas; e 3) o número efetivo de partidos, que indica o grau de fragmentação do sistema partidário.
4. a
5. c
6. Em primeiro lugar, existe um problema da ambição política. Como os políticos buscam fazer carreira, mas os cargos são limitados, o partido é uma organização que permite regular o conflito para ter acesso ao parlamento, administrando o primeiro acesso e as demais etapas que permitem a ascensão política. Portanto, o partido soluciona um conflito interno relativo a quais candidatos lançar para os cargos representativos em diferentes níveis. Em segundo lugar, há o problema da tomada de decisão ou da escolha coletiva. Cada político tem suas preferências sobre como solucionar aspectos da vida pública, propor iniciativas e promover políticas públicas. Entretanto, individualmente, no Congresso Nacional, os políticos não conseguem antecipar os resultados das políticas e não sabem qual escolha seria melhor ou mais oportuna em determinado momento. A solução para se obter resultados que satisfaçam as preferências individuais é delegar ao partido.

Paolo Ricci

Logo, é o partido, por meio de suas lideranças, que ordena as preferências, e os parlamentares devem se adequar a elas. Por fim, a mobilização dos eleitores é um problema para os políticos. As campanhas eleitorais, por exemplo, cada vez mais caras, estão nas mãos de técnicos especializados, que orientam a destinação dos recursos para persuadir os eleitores. Ainda que as campanhas eleitorais do século XIX fossem mais baratas, havia necessidade de desenvolvê-las. Panfletos, manifestos e comícios eram organizados pelos partidos – um fenômeno que se tornou praxe com a expansão dos direitos políticos e a entrada em massa de novos eleitores. O partido é a instituição que permite diminuir esses custos, facilitando a mobilização dos eleitores. Os programas partidários podem ser vistos como medidas adotadas para tal propósito – não apenas permitem reunir indivíduos próximos entre si sob uma única plataforma programática, mas também facilitam o diálogo com parte do eleitorado que, geralmente desinformado, busca por plataformas claras e sintéticas.

Capítulo 5
Questões para revisão

1. Internacionalmente, afirmou-se que as inúmeras tentativas de encontrar uma definição objetiva para *populismo* eram inúteis, dada a complexidade do fenômeno e suas inúmeras formas de manifestação. Essa forma de pensar o populismo alimentou por anos certo prejuízo negativo entre os estudiosos. No caso brasileiro, questionou-se, sobretudo, a noção central da dinâmica populista, isto é, a relação entre líderes políticos e massas urbanas; estas últimas seriam manipuladas ou fortemente

dependentes do controle estatal. Passou-se a criticar a ideia de uma classe trabalhadora inerte e passiva e de um Estado todo-poderoso, que atuava impondo as decisões de cima para baixo.
2. d
3. O populismo é um fenômeno intrinsicamente ligado a outras dimensões e nem sempre é dominante. O nacionalismo é uma dessas dimensões. Para distinguirmos entre populismo e nacionalismo, podemos afirmar que o primeiro remete à distinção entre dois grupos imaginados em um eixo vertical, como povo e elites. Essas elites têm perfis diferentes (políticos, empresários, oligarquias, intelectuais, burocratas etc.), e a percepção é que detêm algum poder usurpando o povo. No nacionalismo, a contraposição seria no plano horizontal, isto é, entre dois grupos que compõem o povo. Assim, por exemplo, nós *versus* outros representa a clássica distinção entre os cidadãos de um país e os imigrantes, cuja identidade é hostilizada.
4. b
5. c

Capítulo 6

Questões para revisão

1. Para Lijphart (2003), o modelo consensual implica a adoção de mecanismos institucionais que garantem a partilha de poder, o que é necessário para assegurar a paz e a estabilidade democrática em sociedades profundamente divididas. Segundo o autor, a democracia majoritária se caracteriza pelo governo de partido único, pela predominância do Executivo sobre o Legislativo, pelo sistema eleitoral majoritário, pela estrutura

estatal unitária, pelo sistema unicameral e pelo Banco Central dependente do Executivo. Nesse caso, portanto, a ênfase recai na capacidade decisória de poucos atores políticos; já na democracia consensual o mecanismo decisório é o compromisso.

2. e
3. A **democracia participativa** chama em causa a mobilização dos movimentos dos anos 1970 nos Estados Unidos em defesa dos direitos civis, mais tardiamente dos jovens e, mais recentemente, no fenômeno *new global*, dos primeiros anos 2000. Trata-se de grupos heterogêneos, com tradições e formas de reivindicação radicalmente diferentes. Os teóricos que exaltam essa perspectiva enxergam as possíveis virtudes de uma cidadania ativa além do âmbito público estatal, como nas empresas ou nas comunidades locais, distanciando-se do modelo representativo centrado nas eleições.

   A **democracia deliberativa** é entendida como um processo de troca argumentativa e de discussão que antecede uma decisão pública. Na proposta mais conhecida, apresentada por Habermas, o sufrágio continua fundamental, mas se confere peso crescente à esfera pública, em que o cidadão participa ativamente da fase da deliberação. Ou seja, para o bom funcionamento da democracia, não seria suficiente agregar preferências (como ocorre quando escolhemos políticos pela via eleitoral); é preciso promover a deliberação pública, em visão discursiva da política, no âmbito legislativo, executivo e jurisdicional. Inevitavelmente, isso dá espaço central à linguagem usada pela mídia, à formação das reivindicações, à persuasão e à mobilização sobre temáticas percebidas como relevantes por parte dos movimentos e das organizações da sociedade civil.

A **democracia direta** é definida como "um processo institucionalizado e publicamente reconhecido por meio do qual os cidadãos de uma região ou país registram sua escolha ou opinião sobre uma questão através de uma votação com sufrágio universal e secreto" (Altman, 2018, p. 6, tradução nossa). É uma definição bastante restritiva, que inclui várias ações, como referendos, iniciativas populares e plebiscitos. É útil porque nos permite manter fixas as bases do governo representativo: uma decisão tomada por cidadãos.

4. c
5. d

Sobre o autor

Paolo Ricci é professor do Departamento de Ciência Política da Universidade de São Paulo (DCP/USP) desde 2008. Graduado pela Universidade de Bologna (Itália), com mestrado e doutorado em Ciência Política pela USP. Publicou em revistas de área nacionais (*Dados, Revista Brasileira de Ciências Sociais, Revista de Sociologia e Política, Opinião Pública, Bib*) e internacionais (*Journal of Latin American Studies, Journal of Modern Italian Studies, Latin American Research Review, Representation, Nations & Nationalism*). É autor da obra *Instituições políticas nos estados brasileiros: governadores e Assembleias Legislativas no Brasil contemporâneo (*São Paulo: Alameda Casa Editorial, 2018) em coautoria com Fabricio Tomio e organizou o livro *O autoritarismo eleitoral dos anos trinta e o Código Eleitoral de 1932* (Curitiba: Appris, 2019).

Contato: paolo.ricci@usp.br

Impressão: Reproset